茶油的背后

黄铁鹰　温浩　钟荔　刘宇波 著

图书在版编目（CIP）数据

茶油的背后 / 黄铁鹰等著. —北京：中国发展出版社，2018. 6
ISBN 978-7-5177-0853-7

Ⅰ. ①茶… Ⅱ. ①黄… Ⅲ. ①茶油—食品工业—研究—中国
Ⅳ. ①F426.82

中国版本图书馆CIP数据核字（2018）第092350号

书　　　名：茶油的背后
著作责任者：黄铁鹰 等
出 版 发 行：中国发展出版社
（北京市西城区百万庄大街16号8层　100037）
标 准 书 号：ISBN 978-7-5177-0853-7
经　销　者：各地新华书店
印　刷　者：河北鑫兆源印刷有限公司
开　　　本：880mm × 1230mm　1/32
印　　　张：5.5
字　　　数：110千字
版　　　次：2018 年 6 月第 1 版
印　　　次：2018 年 6 月第 1 次印刷
定　　　价：39.00元

联 系 电 话：（010）68990535　68990692
购 书 热 线：（010）68990682　68990686
网 络 订 购：http：//zgfzcbs.tmall.com//
网 购 电 话：（010）68990639　88333349
本 社 网 址：http：//www.develpress.com.cn
电 子 邮 件：10561295@qq.com

自　序

我在北大光华管理学院讲了 16 年商业案例，一共编写了 6 个案例。这是我下工夫最多，也是最难、最沉重和最有意义的一个案例，因为它涉及我们这个农业大国的根本——农民，更涉及我们每天吃进嘴里的食用油。

研究这个案例我才知道，与青菜、鸡蛋、肉等未经加工的食品不同，消费者很难分清食用油的好坏，就算油脂专家有仪器帮助，要判断油的品质也很困难。因此，油脂界才有一句“油兑油，鬼见愁”的行话。

我出生在城市，61 年的人生，只有当知青时在农村待过 3 年。研究这个案例后，我才知道中国城里人多么幸运！一个 60 岁的城市居民，可以拿着退休金安享晚年了；而一个 60 岁的中国农民，只能继续劳作——湖南农村，60 岁农民的老保费每月只有 55 元。

研究这个案例让我知道，中国真是一个大国，大到包含了几个世界。2016 年，湖南衡阳竟然有月工资 700 元的农村小学代课老师：这些老师，有的教龄近 30 年了；这些老师，有的不懂乐谱却教音乐，因为他能吹拉弹唱；这些老师，有的 70 岁了，还在教小学五年级的全科……

研究这个案例我才知道：中国这个世界第一人口大国，这个曾经有着灿烂农业文明的国家，绝大部分农产品成本比西方发达国家还高！高的原因又是那么复杂和无奈。

现在干农活儿的，60 岁都算年轻的！中国人能不吃饭吗？中国农业的接班人在哪里？中国农产品的出路在哪儿？这个案例给我提出的问题远远多过答案。

我和我的团队非常荣幸能研究大二湘公司的案例。这一年的研究过程就像钻迷宫，每当我们以为找到出口时，马上又进入另一条暗渠。但这正是案例研究者梦寐以求的，因为挖掘真相本身就是一种享受。在享受的过程中，你会思考和升华。

这个案例能够面世，首先要感谢周新平和大三湘公司。他们把所有员工、车间、实验室、种植基地，以及生产、销售和财务数据，敞开让我们调研。

其次要感谢湖南润农生态茶油有限公司的田海林先生、颜彦先生以及李忠和厂长，他们不但同样为我们敞开了大门，而且帮我们解答了食用油加工生产的技术难题。

我们还要感谢中国粮油学会常务副理事长王瑞元老先生、中国粮油学会油脂分会会长王兴国教授、中国林业科学研究院亚热带林业研究所姚小华主任以及中国农业科学院油料作物研究所邓乾春博士。他们不厌其烦地为我们这些外行人讲解油脂的专业知识，并对案例中的错误一一指正。

我们还要感谢陕西省营养学会常务理事、第四军医大学预防医学系史永亮教授。他从营养学角度为我们诠释了油脂中营养成分的功能，给我们判断食用油的优劣打开了另一扇窗。

我们还要感谢恒大粮油集团副总经理康训国先生、碧桂园特供产业事业部总经理林成彬先生、北京龙泉慈心农场合伙人翁运春先生以及意大利橄榄油进口商 Francesca Lucania 女士。他们不仅帮我们详细介绍了食用油市场的现状和问题，还为我们提供了很多业内资料。

我们还要感谢湖南省食品和工业产品生产许可证审查中心的冯敏主任。他是 20 世纪 90 年代湖南省调和油行业标准的制定者之一，他向我们详细介绍了调和油的前世今生。

我们还要感谢湖南省扶贫办贫困监测处处长黎娟女士。她向我们介绍了农民和留守儿童的困境，也让我们知道了基层工作者的艰辛和无奈。

我们还要感谢白杰先生。他不仅一直热心帮助我们，还资助了本次案例研究。

我们还要感谢丁福琪老先生。丁老先生 1937 年生人，退休前是西安油脂科学研究设计院院长，并担任中国粮油学会油脂分会常务副会长兼专家组组长，享受国务院特殊津贴。他不仅接待了我们的团队，还就我们提出的专业问题亲自手写了整整 4 页的书信。

最后还要感谢中国油脂学会常务理事、中国油脂科技网技术顾问、浙江省食品工业标准化技术委员会委员、全国粮食行业特有工种职业技能鉴定国家题库开发和技能培训教程编写专家、国家职业技能鉴定（制油工）高级考评员、中国花生产业创新战略联盟专家技术委员会委员金青哲。他担任《中国油脂》《粮食与油脂》《大豆科技》等杂志编委、顾问，以专家的身份对案例作了高度的评价："该文比较深入地了解油茶籽种植、油的加工、消费、流通等上中下游环节，基本反映了全产业链的实际状况和问题所在，写出了茶油承载的三农问题，其中数处提及近年来油脂行业出现的重大事件，如地沟油、苯并芘事件、调和油、浸出压榨油优劣等，所以，不光是商学院的教案，也可以作为油脂加工专业学生的鲜活教材，也是一本油脂科普教材"。

本书多处数据和资料摘录自网络，但均经案例研究团队落实到具体出处，核实过真实性。为不占用读者篇幅，摘录处不一一注明。特此说明。大三湘公司的案例同我以往研究的案例不同。它不是一个成功企业的案例，而是一个正在农业和食品行业苦苦爬坡的企业。它的商业模式让我看到一点曙光，但也让我感到更多迷茫。这个案例旨在将其这 8 年做的事情真实地呈现出来，给正在从事和想要从事中国农业和食品行业的人看看。

我们自认为是严肃的案例研究者，我们编写案例的主要目的不是供同行和读者学习，而是供大家分析——如果你处在案例当事人的境地，能否比他们做得更好？所以，把案例当事人所做之事清楚地呈献给读者，就是我们最大的满足。我们做到了！

希望这个案例能够引起更多人的思考：中国能够自己解决中国人吃得好的问题吗？如果能，出路在哪儿？如果不能，怎么办？

黄铁鹰

2018 年 6 月 1 日

目　　录

自序

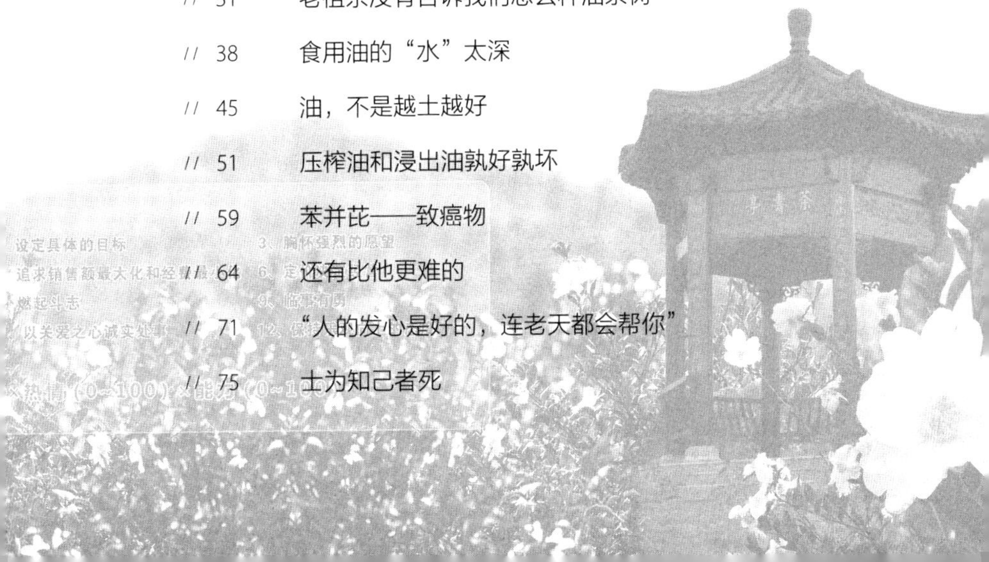

引　子

多种一亩茶山
让一个留守儿童安心上学
多种十亩茶山
让一家农民过上有尊严的生活
多种百亩茶山
带动一家农民致富

2015 年 5 月，我带领 25 位企业家拜访褚时健。从昆明到褚时健的农场花了 5 个小时，路上大家轮流介绍自己。轮到一位来自湖南的企业家时，他说：“我叫周新平，先给大家唱首我编的歌，这首歌的名字叫《油茶花》。”说完，这个 50 多岁的汉子认真地唱起来。

我有一个梦想，
我有一个梦想，
油茶花开遍三湘，
漫山茶果金黄，
村村茶油飘香，
村村茶油飘香。

我有一个梦想，
我有一个梦想，
油茶花盛开在山冈，
乡亲们过上有尊严的生活，
幼有所依，老有所养。
……

说实话，他唱得真一般，但是真投入。中国人是含蓄的，特别是生人之间。这些企业家互不认识，周新平能主动给大家唱歌，实属罕见。

不过，这个与众不同的开场一下子抓住了大家。周新平是做茶油的，他在湖南租了 3 万多亩[一]土地种油茶树，用油茶树的果实——茶籽榨油，这种油叫油茶籽油，老百姓叫它茶油[二]，是食用油的一种。这是我第一次听说茶油。

周新平接着说，茶油比橄榄油还好，李时珍的《本草纲目》中对茶油的药用效果有介绍。我心想，这可能又是一个忽悠的企业家。茶油既然比橄榄油还好，怎么大家都吃橄榄油，没听说吃茶油？！周新平接着讲，他们公司最高档的茶油是会员销售，每个会员每年交费 1 万元，公司给会员每年提供 78 斤[三]茶油。我算了一下，要 128 元 / 斤，这比国外的一般橄榄油都贵，谁买呀？

可是周新平说他们已有 5000 多个会员。这小子不是吹吧？难道这 5000 多个中国家庭愿意花 256 元 / 千克的价格买食用油？如果是真的，我是落伍了。看来有钱人真多。

接着周新平又讲在中国做农业有多难。因为对他前面讲的并不太信，下面的话我也就没注意听。

㊀ 1 亩＝ 666.667 平方米。

㊁ 后文提到时也简称为茶油。

㊂ 1 斤＝ 0.5 千克。

第二天与褚时健座谈时，周新平又一次引起我的注意。他跟褚时健说："褚老，我也是做农业的，现在进退两难。"褚老问："你是做什么的？"他说："我是做茶油的，我做了8年，前5年亏了3000多万元。"褚老说："茶油是好项目，我也研究过，不过油茶树要8年才能结果，我年龄太大，做不来了。不过，你不要怕，你那3000万元，不是亏损，是投资。"

从褚时健农场回昆明的路上，我和周新平坐在一起。他一口气给我讲了4个小时的茶油。周新平此时的状态只能用4个字形容——走火入魔。

临下车，周新平说："你能不能写写我们公司？我们做的事儿可比褚时健要难得多。再说了，我们的产品是食用油。橙子，人可以不吃；食用油，人必须吃。这里的事儿可太多了。我这个案例不仅是商业案例，不仅是做茶油，更是个关于农村、农业和农民的案例，是关于国家命运的案例。"周新平越说越激动。

周新平戴一副金丝眼镜，典型的知识分子。1962年，周新平出生在湖南衡阳的农村，父母都是农民，他们家4个男孩都考上了大学，从农村出来了。周新平大学毕业后，曾在湘潭矿业学院地质系做过10年教师，1993年下海到广东打工。

可能是运气好，再加上人能干，他在给中国最大的摩托车公司——大长江集团[一]的老板打工时，救活了一家精细化工厂。6年后，这家工厂被一家美国公司用10倍于原始投资的价钱收购了[二]，周新平也一起被"收购"，并被任命为中国区的总经理。给美国人打工5年后，46岁的周新平犯了一般中年男人的毛病——职业倦怠。于是，自己出来创业，做起了茶油。

然后，周新平的噩梦开始了。

他讲的其中一件事，让我有了研究他的欲望。为了建厂，他带着两卡车民工同工厂所在地的地头蛇"开战"。我真好奇，什么情况能把一个曾经的大学老师、能写歌的人，逼到这个境地？

㊀ 大长江集团始建于1992年1月，是中国最大的摩托车制造企业，也是日本铃木株式会社在中国最大的摩托车产业合作伙伴。

㊁ 1997年，重庆一位老板与大长江集团合资组建丰华精细化工有限公司，大长江集团管人事、财务、地方关系，对方管生产、销售和技术。因为周新平所学专业与化学有关，大长江集团就派他到丰华精细化工有限公司负责筹建工作，担任该公司副总。但是，1997年，亚洲金融风暴爆发，对方没钱投资，仓促撤股，刚起步的公司负债累累。1998年6月，周新平临危受命，担任丰华精细化工有限公司总经理。他重新招人，组织生产和销售。同时，在当地政府和大长江集团的支持下，采取多种方式融资，解决了问题。2003年，公司被美国赫克力士集团收购。

什么是茶油

茶油的

周新平没忽悠，我的案例研究团队在网络和专业书籍上多处查到引用李时珍《本草纲目》[一]中茶油原料食疗作用的记载："茶籽，苦寒香毒，主治喘急咳嗽，去痰垢。"

茶油在中国绝非新型油品，只不过是我这个北方人孤陋寡闻。中国是世界上最大的油茶树生长地，除此之外，只有东南亚、日本等地有极少量的分布。

在我国，油茶树的主要产区在湖南、江西、广西、浙江等14个省（自治区），其中湖南的种植面积最大。油茶树在我国的栽培历史已有2300多年，公元前3世纪的《山海经》[一]就有记载。如果问南方人什么是茶油，人家很可能会给你白眼，谁还不知道茶油？但如果再问，你们经常吃茶油吗？大多数人会摇头。为什么？茶油产量太少！

2010年，中国茶油产量为28.1万吨。同年中国食用植物油消费量超过2500万吨[二]，茶油只占1.12%，是名副其实的"小众

㊀ 《本草纲目》和《山海经》的记载在原著里没有查到，但这个说法在网上和许多文字中广为流传，几乎每本关于茶油的专著，都有引用。追索到的源头是公元1700年的张宗法在《三农记》中转引的《山海经》。《三农记校注》作"贞水"："《山海经》谓之'贞水'，南方油实也。"能够落实的是宋代苏颂所著的《图经本草》(公元1061年)，说茶油"味甘可入蔬可燃灯，润发不染衣。"其后，南宋的郑樵在《通志》中写道："大方山土多植其木。"

㊁ 见《中国食用油供给之危》http://wenku.baidu.com/view/04fc491c10a6-f524ccbf851f.html。

油”。然而，这个小众油的知名度为什么这么高？原来不仅李时珍知道茶油好，南方老百姓也都知道茶油好。日本人和我国台湾地区的民众也吃茶油，日本人管茶油叫椿油，价钱比一般食用油贵很多。

我们本以为油茶树产区的人都是吃茶油长大的，可许多人说：“虽然都知道茶油，但是小时候家里穷，根本吃不起。如果自己家有油茶树，还能吃一点。”一个茶油产业的70多岁的老伯告诉我们：“因为茶油有特殊的香气，烧起来还不容易冒烟，主要供菩萨用。乡下祭祀，如果能用茶油点一个棉条，就是对列祖列宗最大的敬意了。即使现在，也不会经常吃茶油，因为太贵。家里有种油茶树的，也舍不得自己吃，大多卖钱，然后去吃便宜的菜籽油。”

其实，不仅李时珍和老百姓知道茶油，据说美国卫生研究院营养合作委员会主席西莫奥普勒斯博士[㊀]也知道，并称中国的茶油是“世界上最好的食用油”。有意思的是，我们没有在国际食用油资料中找到西莫奥普勒斯博士曾说过这句话，然而，在全国

㊀ 西莫奥普勒斯（Artemis P. Simopoulos）博士，国际医学界、营养学界欧米伽健康理论奠基人，世界著名的脂肪酸科学家，曾经担任美国白宫人类营养科学研究联合委员会主席，世界营养、运动与健康委员会副主席，国际营养科学联合会（IUNS）遗传、营养和慢性疾病委员会主席，国际脂肪酸研究学会创始人之一。

几个油茶树产地考察时，所有茶油行业的人都告诉我们，美国的西莫奥普勒斯博士说过这句话。反正中国较真的人不多，西莫奥普勒斯博士就硬成了茶油广告的代言人了。

西莫奥普勒斯博士何许人也？西莫奥普勒斯博士是世界著名的营养学家，最著名的研究成果之一是发现了油脂中的亚油酸和α- 亚麻酸的比例对人体健康的影响。说白了，西莫奥普勒斯博士是知道什么是好油、什么是坏油的头号专家。不管其说过与否，去百度搜索西莫奥普勒斯博士的名字，连着一起的全都是茶油。

事实不重要，重要的是怎么被人记忆。在中国的茶油生产者和消费者的脑袋里，西莫奥普勒斯博士就是说了。

当中国人满世界寻找健康食品时，古人、西方人和当代人对茶油的记忆凑到了一起，茶油成了“飞机中的战斗机”！于是，毛茶油的价格从 2002 年的 5 元 / 斤跳到 2003 年的 7 元 / 斤、2004 年 的 9 元 / 斤、2005 年 的 11 元 / 斤、2006 年 的 15 元 / 斤、2007 年的 25 元 / 斤、2008 年的 40 元 / 斤、2010 年的 50 元 / 斤……

企业家是人类中最会捕捉机会的。在茶油价格如此飞涨的诱惑下，一大批企业家冲了进来，周新平也在其中。然而，10 年过去了，这么好的产品，有几千年历史的茶油为什么还没能成为老百姓日常的食用油？

茶油真的比橄榄油还好吗

茶油的背后

在网上搜索“茶油”，经常会看到“茶油是国际粮农组织首推的卫生保健食用油”。然而，我们并没有在国际粮农组织（FAO）的官方网站上找到这句话。不过，在国际粮农组织的论文库中，能查到中国人和外国人对山茶油的研究与称赞。虽然这些文章被国际粮农组织的网站接受，但这并不代表国际粮农组织认可这些观点，因为谁都可以提交论文。因此，我们只能从外行人的角度，亲自操刀，分析茶油和橄榄油的营养成分，得出自己的结论。

一种食用油是否健康，营养学家提出主要看三个指标：**饱和脂肪酸含量要低；油酸含量要高；多不饱和脂肪酸构成比例要均衡**。

橄榄油和茶油究竟谁牛？网上和书上，不同的评测数据多如牛毛。

下面，我们选取两个比较可信的数据来源——国家标准和《中国粮油学报》的测评。

饱和脂肪酸主要存在诸如猪油、牛油等动物油脂中。饱和脂肪酸能够为人体提供能量，但摄入过量能诱发高血脂、高血压、动脉粥样硬化等心脑血管疾病。由于现代人每日已经摄入足够的肉类，因此营养学家建议食用油中的饱和脂肪酸要低。根据国际营养标准的界定，饱和脂肪酸应低于12%。2013年，《中国粮油学报》发表了《油茶籽油和橄榄油中主要化学成分分析》一文。该文章评测了国内市场上的 17 种橄榄油和 17 种茶油，其中橄榄油中的饱和脂肪酸[一]的平均含量为 14.11%，而茶油为 10.37%。

根据这个测评，在饱和脂肪酸含量上，茶油胜出。

油酸是动植物不可缺少的营养素。国际营养学会论证，食用油营养价值主要取决于油酸含量，油酸含量越高，营养价值越高。橄榄油在西方之所以被誉为“植物油皇后”，也正是因为其含有大量的油酸。美国食品和药品管理局（FDA）2004 年 11 月 1 日的公告称：人日均摄入 23 克油酸，可大幅降低冠心病的发病率。根据中国国家标准，橄榄油中的油酸含量在 55% ~ 83% 之间，茶油则在 74% ~ 87% 之间。根据《中国粮油学报》上的评测结果，橄榄油中油酸含量均值为 76.16%，茶油为 80.64%。

在油酸指标上，茶油胜出。

食用油中的多不饱和脂肪酸主要指亚油酸[二]和 α- 亚麻酸[三]两

㊀ 该文章中，脂肪酸组成不包含“饱和脂肪酸”一项，而是分别检测了更加细分的脂肪酸组成。这里的计算根据该文章的测量指标，采用棕榈酸、硬脂酸和花生酸作为饱和脂肪酸的成分。

㊁ 在一些文献中，尤其是国外文献中，亚油酸又被称为 ω-6，读作 omega-6。

㊂ 在一些文献中，尤其是国外文献中，α - 亚麻酸又被称为 ω-3，读作 omega-3。

种，均是人体必需的脂肪酸，但人体不能自身合成，需要从外部摄取。若亚油酸和α- 亚麻酸摄入不足，容易导致多种疾病，摄入过量或者不均衡，又会产生危害。中国营养学会推荐 α－亚麻酸和亚油酸的摄入比例应为 1∶4[一]。根据《中国粮油学报》的评测结果，橄榄油中 α－亚麻酸与亚油酸比例的平均值为 1∶9[二]，茶油为 1∶31。

在多不饱和脂肪酸营养配比指标上，橄榄油胜出。

由此可见，在食用油的三个主要指标上，根据中国的数据，茶油有两个指标好过橄榄油，一个指标逊于橄榄油。

是否可以据此得出茶油好过橄榄油的结论？作为非专业人员，我们没有资格下这个结论。

但作为商业研究，我们有理由得出，**茶油至少不差过橄榄油**。

现今世界流行地中海饮食，原因之一是地中海人以橄榄油为

[一] 严格来说，中国营养学会推荐的多不饱和脂肪酸摄取比例根据不同的年龄段而有所不同。α- 亚麻酸与亚油酸的摄入推荐比例具体为：0 ~ 1 岁 1∶4，2 ~ 60 岁 1∶4 ~ 1∶6，60 岁以上 1∶4。这里取最大值 1∶4。

[二] 在我们的日常饮食习惯中，通常会亚油酸摄入过量而 α- 亚麻酸摄入不足。因此，适当地多摄入 α- 亚麻酸是更健康的。西莫奥普勒斯博士的研究报告表示，1∶2 ~ 1∶5 都是健康的；但如果低于 1∶10 就会对健康产生危害。而西方人的饮食习惯中，这一比值通常在 1∶15 和 1∶16.7 之间。

主要食用油，橄榄油中的橄榄多酚能预防冠心病，降低动脉粥样硬化发生的概率。无独有偶，茶油中的山茶皂甙、茶多酚[㊀]，对降低血脂和胆固醇也有功效。

综上所述，我们认为，做茶油的人宣传茶油好过橄榄油不算夸大其词。

可是这么好的一个产品，为什么在中国本土市场售价和销量都比不过橄榄油？2010 年，中国的销售数据显示，橄榄油的均价是茶油的 3 倍[㊁]，销量竟然是茶油的 1.7 倍[㊂]！

㊀ 茶多酚（tea polyphenol）是茶叶中多酚类物质的总称，包括黄烷醇（儿茶素）类、花色苷类、黄酮类、黄酮醇类和酚酸类等。主要为黄烷醇类，儿茶素占 60% ~ 80%。类物质茶多酚又称茶鞣或茶单宁，是形成茶叶色香味的主要成分之一，也是茶叶中有保健功能的主要成分之一。

㊁ 橄榄油的均价是 16.18 万元 / 吨，茶油的均价是 5.37 万元 / 吨。

㊂ 橄榄油的零售量是 4986.91 吨，茶油的零售量是 2931.89 吨。

产量太低

2014年，油茶树、花生、大豆和菜籽在中国的种植面积分别为5750万亩、6750万亩、1.04亿亩、1.13亿亩。

可是2014年，油茶籽、花生、大豆和菜籽的产量分别为182.2万吨、1650万吨、1200万吨和1450万吨。

油茶籽、花生、大豆和菜籽的平均亩产出油分别为8千克、108千克、17千克、51千克。

对比之下，茶油的亩产出油真是比小人国的侏儒还矮一大截。难道油茶树先天就是这么低产？遗憾的是，我们根本无法在中国的历史资料中找到任何有关油茶树亩产的记载，甚至在中华人民共和国农业集体管理时代，在油茶树种植大省的湖南，也没有关于油茶树亩产的官方记录。

让人欣慰的是，我们终于在旧书网站上发现了两本1949年之后出版的图书——《茶油》[一]和《中国茶油》[二]，其中记载20世纪70年代，有些地方的茶油试验田亩产出油曾达50千克以上。

按图索骥，我们走访了湖南几个老油茶林。这些油茶树就长在道路两侧的山坡上，与茅草和灌木混在一起，有一人多高，从

㊀ 该书由李振纪编，中国林业出版社于1981年2月出版。
㊁ 该书由庄瑞林主编，中国林业出版社于1988年10月出版。

下面看，根本分不出树和杂草。茶山虽然不高也不陡，但灌木丛生，找不到落脚的地方，稍不留神就容易踩空。村民告诉我们，这些油茶树都是20世纪六七十年代的，有的甚至有着上百年的历史，要想上山，必须拿镰刀开路。

的确，这样的油茶树不用像一般庄稼那样浇水施肥，在野生环境下也能自然开花结果，甚至在丘陵、山地、沟边、路旁均能生长。难怪当地农户说："这些油茶树不用管，祖祖辈辈都是这样的。"

不过，油茶树专家告诉我们：这些杂草灌木不仅和油茶树争夺养分，降低茶果的产量，而且已经严重阻碍了采摘。油茶树虽然生命力顽强，但并不代表不需要管理。"每年只需稍微除草，这些老油茶林的亩产至少能提高20%！"

然而今天的事实却是，农民宁肯少采一些，也不愿意多花精力，更别说用什么新品种了！这就是中国大部分油茶林的现状——处于无人管理的状况，平均亩产茶油不超过8千克。

我们同这些农户聊天时得知：农户不愿意打理老油茶林，除了油茶树本身适应能力强外，更重要的是茶油早些年不受欢迎。1980年以前的中国，经济极度落后，只有逢年过节才能吃到点荤腥儿。那个时候，买猪肉一定要选最肥的，把肥肉片下来，小火燣成猪油，炒菜时放上两勺，借点肉香味。而茶油这种饱和脂肪酸含量极低的植物油脂不仅没有猪油香，而且热量低。以前农活多，吃茶油干活没力气，老百姓认为茶油刮肠子[⊖]，吃猪油干活才有劲！所以，农民不太喜欢吃茶油，即使现在，有些人依然不觉得茶油好！

另外，自从 1978 年农村分产到户后，油茶林也由集体划分给个人。由于不再统一管理，有些农户对自家油茶树不管不问。无人管理的山上长满杂草，时有山火发生。虽然茶林分家，但火不分家；火不但烧毁了无人管理的油茶树，还把邻居的茶山烧掉了。

不仅如此，油茶树结果了，总有人去偷，因为茶山比较远，不容易被发现。久而久之，就没有人再打理油茶树了。于是，油茶树越不打理，产量越低；产量越低，越不值得打理。最终，农民居然形成了“油茶树不需要管理”的认知！

这是生产力的倒退，还是物竞天择？背后的原因已超过我们案例的研究范围。但事实是，油茶树这个大自然赐给中国人特有的礼物，在今天的中国人手里变得奄奄一息。

⊖ 把肠子里的油都刮走了。20 世纪 80 年代以前的中国，很多人由于吃不饱饭，营养不良，所有人都千方百计往肚子里多储存高脂肪的食物。

我们问了好几位家有油茶林的农民："现在茶油的价格都翻了10倍，你们为什么不把油茶林弄好点？"一位村支书比着齐腰的杂草代他们回答："不是农民不会算账，也不是他们偷懒。这些山荒了几十年，不光是草，还有很多灌木和荆棘，要给这老油茶林除草多累啊！现在的年轻人都跑城里去了，村子里只剩下老人和几岁的孩子，没有劳力。在农村，六七十岁的老人也是要下田干活的，他要照顾自己，还要带小孩。连田都种不来了，更别提跑到山上去管油茶林！再说，产量增加20%，一亩地才多收100元！大多数人就不受这个累了，反正也不指着它赚钱，每年摘些果子榨油，自己家吃点，再送送亲戚就知足了。"

确实，即使茶油50元/斤，几亩茶山，辛苦一年只多赚几百元钱，不如在城里当一个月的保安。

我们问油茶树专家，难道油茶树作为油料作物，就是一个先天的侏儒？

不是，绝不是。改良了的新油茶树，如果种植管理得当，能比现在的产量至少提高6倍。专家们对这个问题众口一词。

6倍就是100斤油，每斤50元，每亩多5000元，对农民应该算一笔可观的收入呀。那为什么没有人做？

难，太难

茶油的背后

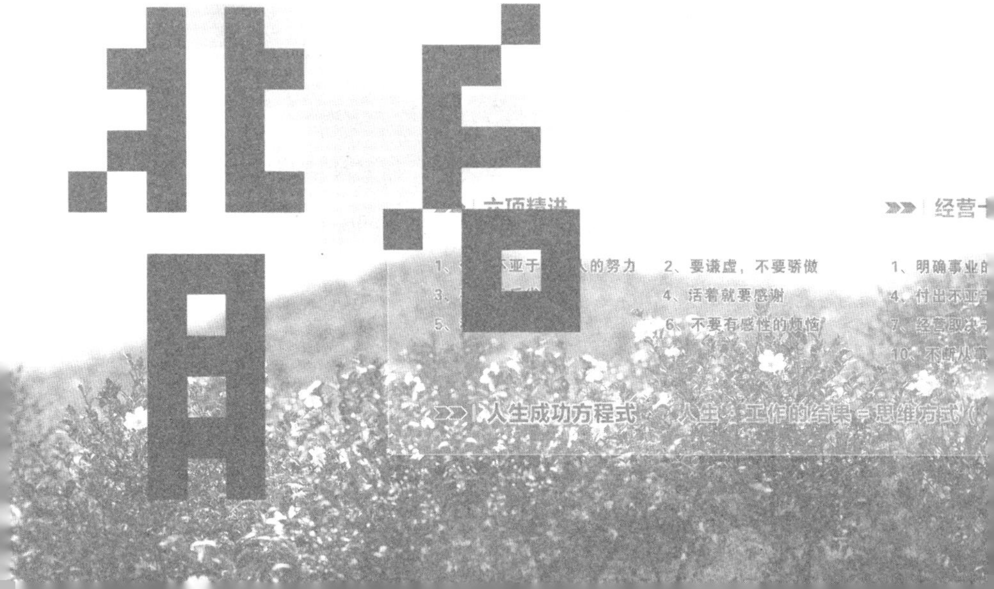

2006年12月，国家林业局终于出台《关于发展油茶产业的意见》的配套政策。这是政府最早明文确定发展茶油产业的战略。

配合这个战略，中国林业科技工作者成功选育出一批亩产油量能达到50千克以上的优良品种，并开发了一系列丰产栽培技术。2014年中国油茶种植面积达到6233万亩，如果亩产油都能到50千克，中国茶油总产量将达300万吨以上。2015～2016年，我国食用植物油生产量预计为2742万吨，300万吨就能占中国植物油总产量的11%。更关键的是，种植1亩这样的良产油茶，相当于种植3亩大豆！不仅如此，油茶树生长在山区，不与粮棉争地，能置换出7500万亩耕地种粮食。这不仅增强了中国食用植物油的供给能力，减少进口，还有效缓解了耕地紧张压力，对维护国家粮食安全具有重要作用。

这是多么美妙的战略！然而，国家与企业和人一样，战略再好，不能落地，都是纸上谈兵。

首先，大幅度地治理老油茶林，成本不是普通农户能承受的。

其次，从选苗、栽种，到幼苗期的精心护理，再等待8年才能结果，更让缺少现金和技术的农民望而却步。

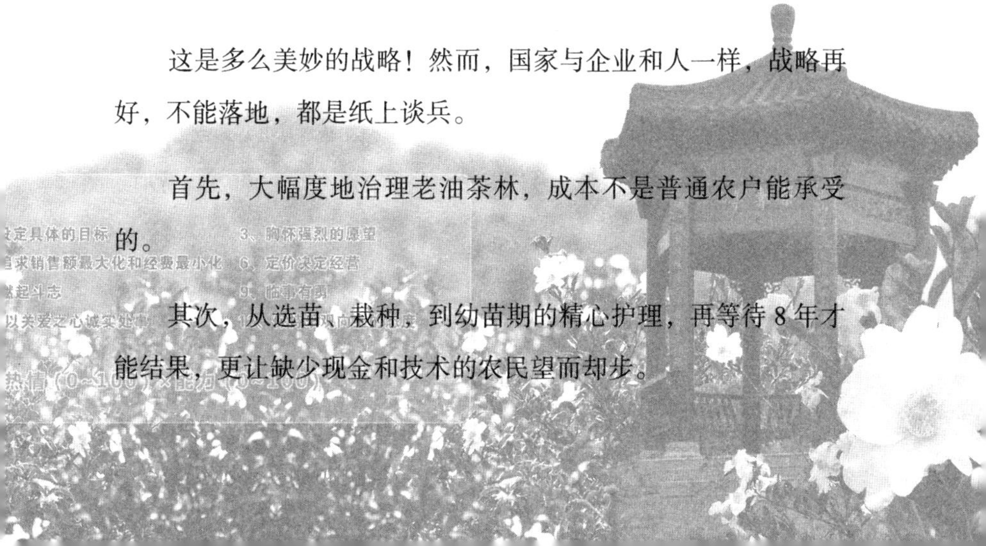

不仅农民没法执行这个战略，企业家也很少涉足。周新平跟我们算了一笔账。

“油茶树 6 年才能结果。高标准平整一亩荒山和种植种苗要花费 1500 元；每年管理工作，包括除草、种植、施肥，要 300 元；6 年的管理费用是 1800 元，加上第一年的 1500 元，总共是 3300 元；如果再投入水利，每亩成本多加 1000 元。一亩茶山 6 年的成本要 4000 多元。1 万亩茶山就要投入 4000 多万元。然而，现在油茶鲜果的价格是 3 元 / 千克，干茶籽是 17 元 / 千克，按照这样的收购价[㊀]，这个投资要 15 ~ 20 年才能回收成本。谁干呀？”

不知为什么，谷贱伤农定律在 21 世纪依然顽固地起着作用，所以至今为止，很多国家对农业都有不同形式的补贴。

可惜，国家林业局在 2006 年底出台的《关于发展油茶产业的意见》中，并未对油茶这个生长周期远超其他作物的物种做特殊补助，仅仅提出“要积极促成各级政府通过建立专项资金渠道扶持油茶产业的发展”。又过了两年，2008 年，湖南

㊀ 企业通常是收购干茶籽，因为干茶籽好定标准，运输成本低。干茶籽的检测指标一般包括含油率、霉变、杂质、水分四项。大三湘公司收购干果的标准如下：霉变小于 2%，杂质小于 2%，水分小于 12%，含油大于 28%。

这个中国茶油大省终于出台了《关于加快油茶产业发展的意见》，首次提出“省财政每年安排一定资金用于油茶产业发展”，并提供贴息补助和减免税收等优惠政策。

只要政府有补助，就会有人钻空子。

2009 年，周新平在他的家乡湖南省衡阳市祁东县太和堂镇租下 800 亩荒山，准备用新法种油茶树。为慎重起见，他把从小学到高中的同学——祁东县副县级干部周建国拉下了海，专门负责组织农民种植。

太和堂是祁东县最偏僻也是最贫困的一个山区。之前国家在此有过种柑橘的扶贫项目。同样一块土地，已经先后被几家公司承包过。起初，农民认认真真按照这些公司的要求管理树苗。但是等政府验收一通过，这些公司把国家补助的钱拿到了，就跑了。这样来来回回五六年，什么也没有种出来，土地都被耽误了，农民只能拿到第一年的土地租金和管理费。更要命的是，农民也成了骗子公司的从犯——你出钱，我帮你唱戏，目的就是骗国家农业专项补助。

2004 ~ 2016 年，中国连续 13 年发布解决“三农”问题的中央一号文件，与之相配套的是各种各样的农业补贴。据说，仅茶油行业国家已经投了上百亿元！

出身农村，却不熟悉当代中国农业的周新平兴高采烈地在太和堂租了800亩山地，又运来了8万余株辛苦培育的新油茶树苗。

可是万万没想到，农民把真想种油茶树的周新平也当成骗子，跟以前对付“骗子公司”一样敷衍。

本来要求农民挖0.6米宽、0.8米深的坑，可是大部分人象征性地挖几下，把树苗塞进去，填上土，一脚踩下去就完事，极少数听话的最多也只挖了要求深度的一半。本来应该挑到山顶上浇的水，挑到山脚就倒了。虽然有土生土长的副县级同学坐镇，但由于缺乏在第一线管理农民的经验，加上那么大面积同时栽培，根本没法监督。结果，树苗不骗人，到了秋天，只活了200来株。于是，周新平的40多万元㊀真金白银打了水漂。雪上加霜，当年大三湘公司育苗基地近200多万株油茶苗因为技术和管理问题，成活率只有15%，周新平又损失了200多万元！

于是，“中国茶油发展战略”在周新平、打工的农民和那些“骗子”公司的手中大打折扣。国家在茶油补助上究竟花了多少钱，我们不知道；我们知道的是，从2006年国家出台茶油发展战略到2015年，中国茶油的产量依然徘徊在50万吨左右

㊀ 计算方式是：营养杯苗每亩250元，土地租金每亩30元，管理费每亩150元，肥料每亩120元，除草每亩40元。每亩的损失是：250+30+150+120+40=590（元）。因此，第一年祁东县800亩茶苗，共计损失：590×800=472000（元）。

“骗子”也不容易

国家农业补贴究竟有多少进了“骗子”公司的腰包？估计把全世界经济学家的脑袋都集合起来也算不清。但仅就我们对茶油行业的了解，骗取国家农业补贴的不是少数。

周新平一声苦笑，说：“假做真时真亦假。这个社会怎么了？！我是真想为家乡做点事，我是真想把油茶树种好，我是拿自己的真金白银来做事，结果乡亲们把我也当成骗子！”

在现行的中国土地制度下，一个外来人要到农村承包土地，取得村干部的支持只是拿地的第一步。我国《土地管理法》第十五条规定：农民集体所有的土地由本集体经济组织以外的单位或者个人承包经营的，必须经村民会议 2/3 以上成员或者 2/3 以上村民代表同意，并报乡（镇）人民政府批准。

这个看似很合理的规定，在落实时却遇到了问题。“现在农村 50 岁以下，还在种地的寥寥无几。大部分村庄，家里说了算的人，留在农村的根本不到一半。去哪儿找够 2/3 的村民？！”两个村书记告诉我们。

不仅如此，即使 2/3 的村民同意流转，企业还要和每一户签订具体的流转合同。

1949 年以后，中国农村土地属于集体所有。从 1978 年安徽小岗村土地改革开始，中国实行了土地分包到户的家庭联产承包责任制——将土地经营权从集体所有权中分离。此举目的在于，在不改变土地所有权的前提下，提高农民种地的积极性。这个改革极大地促进了农民种地的热情，让中国人吃饱了饭。

但天下万事没有只有好处没有坏处的。家庭联产承包责任制的弊端是分散了土地经营权，不适合现代农业所需要的大规模统一耕作和管理的方式。由于土地分散在每个农户的手里，大三湘公司承包的这 800 亩荒山就必须要挨家挨户请每户村民在承包协议书上签字。如果哪户不同意，该户的那一小片土地就不能承包。土地不连片，就不能统一管理。

于是，周建国只好通过电话联系，或者找亲戚代签那些家里没人的农户。有的，根本找不到人；有的，父亲代儿子签字，儿子回家后却要撤销合同；还有的，由于跟村干部不合，只要是村里决定的，不管好坏，就是不签。转租费一亩地一年才几十块钱，有人就不为五斗米折腰！

农村承包土地，比城里搞拆迁还难。城里搞拆迁，你起码能找到钉子户，而承包土地，有时候你根本不知道钉子户在哪儿。周建国说：“我还是本乡本土的人，都感到难，那些外来的公司就更难了。”

另外一位茶油行业的企业家告诉我们：“有的村民把土地租给你了，还提要求，他的要求不合理，但却合法！我承包了1500亩荒山种油茶树，有些山坡度太陡，机器开不上去，土地没法平整。还有的土质不适合种油茶树，连种两年苗，都死掉了。土地不能荒着呀，就种了些樟树。结果承包给我们的农民发现后，坚决不干。他说：‘为什么这块地不种油茶树？’我们怎么解释都不行。最后没办法，我们又把樟树苗移走，只能荒在那儿。我们流转的1500亩土地里有300亩是这种情况。”

我们问：“为什么不让种樟树？”

“因为樟树不结果，油茶树结果，农民可以偷。就是说，他们把土地租给你，你结的果实，他们还要偷着摘下来卖掉或自己榨油。油茶林就在他们家后院，谁能整天看着？！”

2010年，一位企业家在湖南花大价钱承包了1万多亩老油茶林。当年本应该能收250多万公斤油茶果，可最后只收上来50多万公斤。“当时动员了上百人巡逻，公安都出动了，还抓了十几个，也罚了款，但根本没有用。有的农民从公安局放出来，家都不回，又扎进油茶林接着偷……在这种事情上，企业是弱势群体。一方面，法不责众；另一方面，政府要维稳，会劝你息事宁人。”

农民不仅偷外来企业的茶籽，也偷邻居的。湖南茶油产区，有句当地人才明白的俚语：“收了茶籽再认亲。”常宁市平安村的油茶林以霜降籽居多，就是说，在霜降后采收的茶籽含油率最高。可是等到霜降后再摘，茶籽早就被偷光了，所以每家都要提前几天摘果子。结果，不仅茶籽产量低，而且含油量低。

经济学家说，不讲信用的人多，交易成本就高。把它用在茶油行业就是，偷茶籽的多，茶油就质次价高。

吃饭的时候，一位出生在城里、做茶油的企业家有点喝多了，说：“现在谁再跟我说农民朴实，我跟谁急。是人拉屎都臭。有些人就人穷志短、马瘦毛长。越穷的人越可能成为窃贼和强盗！”这位企业家说得虽有些极端，但在一定程度上也反映了社会现状。

把盗窃茶籽的原因仅仅归结为“农民穷，穷生盗”还是过于简单。小偷小摸是一回事，大规模哄抢是另一回事。农民哄抢茶籽也有拖欠农民工资的原因，没有拿到足够工资的农民就去“偷”，他们认为这是拿回自己正当的劳动成果。因此，有的企业和农民打官司，政府也没有办法裁决，因为企业的确拖欠了农民工资。企业为什么拖欠农民工资？或者因为茶籽还没卖出去，或者政府补贴还没到手，或者投资资金准备不足……

因此，很多企业把树种下了，看看管不了或者现金流没了，干脆把林子又送给农民，让农民自己管吧，企业又走回直接从农民手里收茶籽的老路。于是，新种的油茶林也变成了没人管的老林，产量依然上不去！

其实，很多企业根本没有预料到这些事。等把钱投下了，才知道一步一个坎，算算账不合算，干脆把政府的补贴拿到手走人。不要以为骗了政府补贴的人都赚钱，有的人即使拿了补贴，还是亏着钱走的。也有的企业骗补贴，被查出来，老板还进了牢房。

仔细想想也是，正常人谁想当骗子，很多骗子公司也是迫不得已。

周新平有点一根筋，他的现金流没断，所以没有走。于是，才有了下面的故事。然而，横在周新平面前的不仅是土地分散和农民偷窃的问题，油茶树的种植技术也让周新平差点做不下去。

老祖宗没有告诉我们怎么种油茶树

茶油的背后

茶油像中国历史一样，辉煌只存在于书本、想象和考古中，现实能找到的痕迹很少。

中华民族是世界公认的有最早农耕历史的民族，可惜我们油茶树的农脉断了，而且断得彻底。我们只能找到古人的只言片语。比如，明王象晋的《二如亭群芳谱》（公元 1621 年）概述了油茶的种植方法："秋间收子时，简取大者，掘地作一小窖，勿令及泉。用沙土和子置窖中，至次年春分，取出畦种。秋分后分栽，三年结实。"

油茶树的种植技术是什么时候断的？这完全超出这个案例的研究范围，我们希望读者跟我们一起思考。

2009 年，大三湘的 800 亩油茶树几近死光。除了天气和管理的原因，还有另外一个因素：缺乏种植经验、技术和合格的作业者！

其实，不只是大三湘和农户没有经验，对油茶树种植技术的研究，林业部门也刚刚起步。

2009 年，大三湘第一次种油茶树时，严格参考了当地林业局的指导规程。种植规程中有一条，油茶树苗栽种的深度不能超过嫁接[一]口。理论上，林业局的规定有道理，嫁接口就像伤口，如果埋到地下，雨水浸泡没有愈合好的嫁接口，容易感染虫害。但是油茶树苗都是种在山上，很少积水；不仅如此，湖南那几年一直干旱，所以，油茶树大规模死亡，与埋得不够深也有关系。

大三湘常宁基地的负责人周爱平认为，栽深才能让油茶树苗发展根系，保水保湿，栽培时应掩埋嫁接口上一到两寸[二]。可是这与当地林业局的种植规程不一样。为此，周爱平到外地请教专家，来验证自己的想法。周爱平提出的“栽深”得到了一位江西油茶树种植专家的认可。这位曾担任过中国林科院专家的老人，不但赞同他的做法，还语重心长地说：“书本上的东西只能做一个参考，实践是最重要的！”第二年，大三湘管辖的油茶林开始采用“栽深”的方式。

2013 年，湖南省出现了史无前例的大旱情，衡阳市为特旱，

[一] 嫁接，植物的人工营养繁殖方法之一。即把一种植物的枝或芽，嫁接到另一种植物的茎或根上，使接在一起的两个部分长成一个完整的植株。嫁接是利用植物受伤后具有愈伤的机能来进行的。嫁接时，使两个伤面的形成层靠近并扎紧在一起，结果因细胞增生，彼此愈合成为维管组织连接在一起的一个整体。现代农业养苗基本都是使用嫁接的技术。嫁接既能保持接穗品种的优良性状，又能利用砧木的有利特性，达到早结果，增强抗寒性、抗旱性、抗病虫害的能力，还能经济利用繁殖材料，增加苗木数量。嫁接常用于果树、林木、花卉的繁殖上，也用于瓜类蔬菜育苗上。

[二] 1 寸＝0.033333 米。

祁东县为重旱[一]。然而，大三湘却创造了奇迹。那年，整个祁东栽的油茶树，成活率不到 50%；而大三湘的油茶树，成活率却在 80% 左右。“当我们把数字报给林业局，林业局的人都不相信！”

现在，“栽深”已经是湖南林业厅推行的标准种植规范。

周爱平说，刚栽苗时不知道如何施肥，林业局指导他们长苗期间，除了有机肥以外，可以适当施含有硫酸铵、氯化铵、氯化钾[二]、硫酸钾的复合肥。然而，没想到，就是这“氯化钾”让大三湘吃了大亏。

㊀《气象干旱等级》将干旱划分为五个等级，并评定了不同等级的干旱对农业和生态环境的影响程度：

① 无旱：正常或湿涝，特点为降水正常或较常年偏多，地表湿润。

② 轻旱，特点为降水较常年偏少，地表空气干燥，土壤出现水分轻度不足，对农作物有轻微影响。

③ 中旱，特点为降水持续较常年偏少，土壤表面干燥，土壤出现水分不足，地表植物叶片白天有萎蔫现象，对农作物和生态环境造成一定影响。

④ 重旱，特点为土壤水分持续严重不足，土壤出现较厚的干土层，植物萎蔫，叶片干枯，果实脱落，对农作物和生态环境造成较严重影响，对工业生产、人畜饮水产生一定影响。

⑤ 特旱，特点为土壤水分长时间严重不足，地表植物干枯、死亡，对农作物和生态环境造成严重影响，对工业生产、人畜饮水产生较大影响。

㊁ 氯化钾，化学式 KCl，无色立方晶体，常为长柱状。无色细长菱形或成一立方晶体，或白色结晶小颗粒粉末，外观如同食盐，无臭，味咸。氯化钾在农业上是常用的肥料（钾肥），最适宜于水稻、小麦、棉花、玉米、高粱等大田作物；同时也比较适宜于中性石灰性土壤。但不要在忌氯作物上施用，如烟草、甜菜、甘蔗、马铃薯等，否则会影响这些作物的产量和质量。

2011年，大三湘1月份栽好的油茶苗，5月份施复合肥的时候还好好的，两个月后却一下死掉30%。“天又没旱，树苗怎么会死？我们把死苗根拔起一看，整个根都烧坏了。”一开始，周爱平还以为肥料是劣质产品，赶紧给肥料老板打电话，肥料老板把这个事情反映到肥料工厂，最后才搞明白：油茶树属于茶科类，国家明令禁止用氯化钾施肥！

“可是肥料的配方是林业局给我们的啊！”说起这事，周爱平一脸无奈。他把这个问题反映给林业局的一位高级工程师。这位工程师起初不信，直到一起上网查了资料后，才承认确实如此。

案例写到这里，**我们想给读者第一个实用的建议：不要以为地方政府和专家什么都懂，中国三十多年改革的商业大潮，等于一片盐碱地突然被大水淹了，水里的生物太多，谁都不完全了解。你不懂的，地方政府和专家也不一定懂**！

然而，这个问题还不仅仅是肥料不对那么简单，因为其他片的树苗也同样施氯化钾，但没死那么多。一调查又发现，这几块地的农民自己忙不过来，从外面请人帮忙。“这些人没经过培训，自以为是地认为，施肥离根太远了，树吃不到肥，就把肥料用在靠根很近的地方，没想到，把树苗烧死了。”

于是，大三湘在栽培油茶树上又吃了个不得不吃的亏。

树要剪枝，本应该是农业常识。但大三湘在组织农民剪枝时，却遇到了大麻烦。“我家祖祖辈辈都种油茶树，从没剪枝。长得好好的，都剪掉，太可惜了。”农民不理解，因为祖辈根本没有传承给他们剪枝这项技术。

周爱平只好给他们打比方，农村养猪的都知道，一头母猪有 12 ~ 14 个乳头，如果产仔 16 头以上，就要丢掉体质弱的小猪，保证其他的猪仔有奶吃。树也是一样。人是有形象思维的，多亏养猪在中国还没断过，否则，说明剪枝这个问题还真难。这让我们想起一对在联合国工作的英国夫妇的故事。他们教非洲人种庄稼。他们说，有些人不理解每年收成要留种子，因为他们几代人都没有看过庄稼从生长到收获的完整过程。

大三湘碰到农民不会做农活的现实，同我们在云南研究褚时健种橙碰到的情况完全一样。周新平跟褚时健一样，也要请专家培训农民，管理这些老祖宗给我们留下的作物。

至此，我们给读者第二个实用的建议：千万不要以为农民就懂农业！

施肥不仅有技术含量，还需要体力。油茶苗长在山上，挑着几十斤的肥料爬山可不轻松；而且，不同位置的茶苗施肥多少很有讲究。因为肥料会顺着雨水流到山下，所以越往上，放置的肥料应该越多。但肥料太沉，背上去又太累，于是，农户经常偷懒，在山脚多放些，山上反倒放得少。

还有些农户家里有生意，或者去外面打工一天能赚一两百块钱，相比而言，帮大三湘管理油茶树吸引力就不大了。因此，除草、施肥、剪枝都成了副业，有时间才打理一下。对此，周爱平很无奈："我们本以为年轻农民能管得好些，结果他们天天做别的事，农活全扔下了。最后，他们的山上草最多。"

这就是一部分现代农民的现状。这也是很多曾雄心勃勃进入农业的公司，最后灰头土脸打道回府的原因之一。一位在茶油行业亏了2000万元的企业家说，新农业从外边看都是机会，进去之后才知道都是漩涡，活着上岸的是少数，大多数人赔了钱，打掉牙齿和着血吞进肚子。

然而，周新平没有退路。第一，这是他的家乡，人都有脸，在熟人面前，人更要脸。第二，不到3年，他把45岁之前赚的钱几乎全砸进去了，他必须要赚回来。

行文至此，我们所叙述的还仅仅是周新平所遇困难的1/3。周新平碰到的另一个难题比种树还难。

食用油的“水”太深

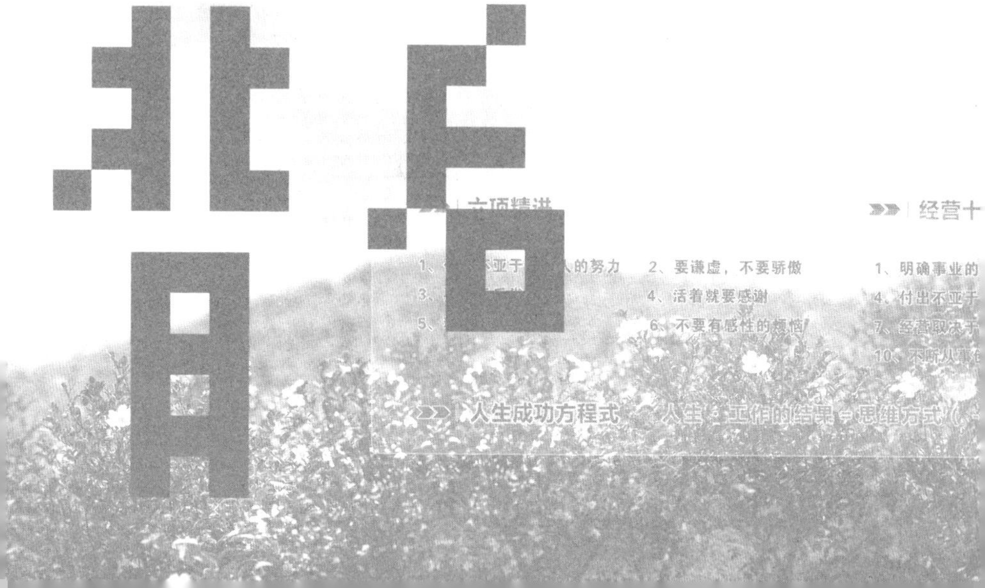

食用油可分为调和油和纯油两大类。所谓调和油，是指将两种以上的油按比例调和成的油。为什么需要调和？因为营养学研究表明，单一品类的油脂很难完全符合人体的营养要求。

因此，调和油应运而生。调和油混合几种油脂，调配成最完美的营养比例，同时还兼顾了成本。应该说，调和油的概念是非常先进的，有很多营养学专家建议，不应该只摄入任何单一品类的油脂，而应以食用调和油为主。

然而，调和油至今在我国没有国家标准，只有行业标准。行业标准只规定了调和油中的理化指标，没有要求企业标明调和油中不同油的比例。按照这个标准，企业生产调和油时，加入一滴茶油就可以称其为茶油调和油，加入一滴橄榄油就可以称其为橄榄油调和油。

中国粮油学会首席专家王瑞元表示：“我国8种食用油新国标实施已多年，唯有调和油国标一直缺位。”这8种食用油国家标准明确要求把生产工艺、原料和产地等标示在包装上，但是未涵盖调和油。

因此，消费者根本无法了解调和油中各种油的具体含量是多少。按照常识，至少要含有相当比例的茶油，才能叫茶油调和油吧？“但是据我们了解，市面上的茶油调和油中，含有3%的茶油就不错了！能含10%的，就是良心企业！”周新平说。

我国每年进口600万吨棕榈油[一]，每年生产的棉籽油[二]接近100万吨。棕榈油和棉籽油是食用油料中最便宜的油，这两种油占中国食用油消费总量的20%以上[三]，但是在市场上根本见不到标示是棕榈油和棉籽油的食用油。这么多棉籽油和棕榈油都去哪里了？“绝大部分在调和油中，也被消费者吃了。”一位在油脂行业做了20年之久的专家告诉我们。

㊀ 棕榈油由油棕树上的棕榈果压榨而成，果肉和果仁分别产出棕榈油和棕榈仁油，传统概念上所言的棕榈油仅指前者。棕榈油是世界油脂市场的一个重要组成部分，它在世界油脂总产量中的比例超过30%。棕榈油也被称为饱和油脂，因为它含有50%的饱和脂肪。在常温下呈半固态，稳定性较好，不容易发生氧化变质，烟点高，故制作油炸食品很合适。棕榈油非常便宜，期货价格在10元/千克左右，市场批发价在14元/千克左右。

㊁ 棉籽油即以棉花籽榨的油，精炼后可供人食用，但粗制棉籽油可能含有棉酚，可造成生精细胞损害，导致无精不育。国家卫生标准要求，油脂中棉酚含量小于0.02%。另外，因为棉花不是食品，农药把控相对不严，棉籽中也难免会有农残。

㊂《第五届中国粮油榜特刊之2015年中国食用油产业报告》（可上中国粮油网查看）提到：“2015 ~ 2016年度，预计我国食用油消费将处于3 406万吨。”

由于调和油的行业标准没有要求企业把不同原料油的比例标明出来，几乎所有企业都以营养价值高、价格高和消费者印象好的油来冠名调和油，但实际上这些好油所占比例很少。中国粮油学会首席专家王瑞元指出，“调和油成分配比不透明，企业随意命名，严重侵犯了消费者知情权，甚至损害了消费者的健康。”

在此，我们想问读者一个问题，调和油行业标准没有要求企业在产品包装上注明原料油比例时，如果你生产调和油，你会多用贵的油吗？

至此，给读者第三个实用的建议：千万不要为调和油前面的名字支付高价钱，比如，茶油调和油、橄榄油调和油、花生油调和油……这跟年份酒的道理一样，加一滴 1960 年的酒，整瓶酒就都是 1960 年的老酒了。

为什么调和油现行的行业标准这么宽松？

湖南省当年参与制定调和油行业标准的主任告诉我们，调和油是 20 世纪 90 年代的舶来品，调和油的配方在当时是技术机密，因此没有在行业标准中要求企业标示配比，可是他们没有预计到，正是这个“机密”让调和油在中国变得如此复杂和混乱。

二十多年过去了，国家为什么还不出台新的调和油标准呢？

大三湘生产技术部总监赖琼玮告诉我们：“调和油的比例无法用常规方法检测，即使国家出台了标准，企业做假也无法验证！”这就是油脂专家所说的“油兑油，鬼见愁”。

尽管《食用植物调和油国家标准》从2005年就开始制定，可到了2015年，依然没出台。调和油的比例为什么这么难检测？

原来食用油是由几种不同的脂肪酸组成的，只是不同的油中各种脂肪酸的比例不同。常规手段只能检测出调和油中每种脂肪酸的比例，但有多种方式都能调配出这一比例，因此无法确定究竟是用了哪几种油搭配出来的。就像60度的白酒，可能是由50度和70度的白酒按1∶1混合而成，也有可能是由40度和70度的白酒按1∶2混合出来。更何况调和油多是8～9种油配制而成，每种油的比例是多少就更难测定出来了。

由于调和油无法检测比例，不法厂家甚至还会勾兑地沟油。而经过精炼处理后，再复杂的油脂都可以符合国家标准，摆上超市的货架。

精炼是油脂加工的一道工序，它可以清除油脂中所含有的固体杂质、游离脂肪酸、磷脂、胶质、蜡、色素、异味等。精炼通常要经过脱胶[一]、脱酸[二]、脱色[三]、脱臭[四]四个步骤，技术已经非常成熟，效果极好，即使是地沟油和动物死尸的脂肪，精炼后都能达到国家的卫生标准。

我们问大三湘技术总监赖琼玮：“这是否意味着，地沟油在精炼后，就是健康的油脂呢？”面对这个显然应该是否定答案的问题，这位在油脂行业做了十年之久的技术专家竟然犹豫了良久，给出了“或许是的”的答案。我们知道，他的答案来自于科研人员对于数字和科学的信仰，但人的常识又拒绝这个答案。我们在一本国外描述橄榄油的著作中找到了支持常识的佐证：使用劣质的油脂作为原材料，精炼后的成品油会更快地酸败[五]，进而

㈠ 脱胶指用物理或化学方法将粗油中胶溶性杂质脱除的工艺过程。食用油脂中，若磷脂含量高，加热时易起泡、冒烟、有臭味，且磷脂在高温下因氧化而使油脂呈焦褐色，影响煎炸食品的风味。脱胶就是依据磷脂及部分蛋白质在污水状态下溶于油，但与水形成水合物后则不溶于油的原理，向粗油中加入热水或通入水蒸气，加热油脂并在50℃温度下搅拌混合，然后静置分层，分离水相，即可除去磷脂和部分蛋白质。

㈡ 游离脂肪酸影响油脂的稳定性和风味，可采用加碱中和的方法除去游离脂肪酸，称为脱酸，又称碱炼。

㈢ 粗油中含有叶绿素、类胡萝卜素等色素，叶绿素是光敏化剂，影响油脂的稳定性，而其他色素影响油脂的外观，脱色步骤将这些色素用吸附剂除去。

㈣ 油脂中存在一些非需宜的异味物质，主要源于油脂氧化产物。脱臭采用减压蒸馏的方法，并添加柠檬酸，螯合过度金属离子，抑制氧化作用。

㈤ 酸败俗称哈喇。油脂在贮藏时由于与空气等作用发生氧化而进一步分解产生异臭味的现象。

变质。而使用优质原材料的油脂，保质期更长，甚至一年后仍然保持着极佳的口感。

赖琼玮又告诉我们：“国家标准是针对油脂中通常会出现的问题设立的，但地沟油出身复杂，其中可能含有未知或者未列入国家标准的有害物质。就像牛奶中的三聚氰胺，以前常规的牛奶检测指标就没有这个东西，谁能想到有人把这个兑入牛奶？”问题讨论到此，已经进入纯技术领域。作为商业案例的研究者，我们完全没有发言权了。

周新平有十年做化工的经验，他对油脂产品的理解既准又快。看到调和油的现状，他决定不趟这浑水，只做100%纯茶油。

为什么？纯油能检验出来，不同种类油的理化指标是不同的。国家对单一种类的食用油是有具体标准的，无论是100%的花生油，还是100%的大豆油、菜籽油、茶油等，只要是纯油，国家都规定了一系列规范。

菜油的背后

油，不是越土越好

做植物食用油的工艺主要有两种：压榨和浸出。

压榨是最古老的榨油工艺，即通过物理手段将原料中的油挤压出来。食用油商标上标明的“物理压榨”就是这个意思。

大三湘茶油博物馆里有一个清朝的木制的“卧式楔子榨油机”，是最原始的压榨机器。随着工业进步，压榨动力从人工发展到水力，又转为电力。现在农村的“土榨坊”都是电力压榨了。油茶树产区几乎每个村都有这种“土榨坊”，中国绝大部分的茶籽都被这些分散的土榨坊榨掉，油脂行业的人把“土榨坊”出的油称为“土油”。这些“土榨坊”的卫生条件无法保证，对茶籽的检验和筛选只能凭肉眼和人手。因此，混在茶籽中的杂质，比如灰尘、石子、土块、粪便渣子……都会和茶籽一起炒热、蒸熟和压榨。所以，“土榨坊”的压榨油是不符合国家食品卫生安全标准的产品。按照《食品安全法》，土油是不能直接销售的。

然而，在土油的问题上，《食品安全法》完全失效。土茶油、土花生油、土芝麻油等每天都源源不断地从农贸市场的榨油机中压榨出来，直接卖给消费者。

更严重的是，绝大多数土榨油的苯并芘含量都超标。苯并芘是一种致癌物，主要存在于高温产生的烟气中。国际癌症研究机构（IARC）对苯并芘的致癌性评估为：证据充分，引发活性。土榨油苯并芘超标的原因有二：一是“土榨坊”没有精炼技术；二是为了提高出油率，“土榨坊”都会先把茶籽炒热到150℃。然而，油茶籽的温度高于60℃，就会产生苯并芘！其实，高温不仅能提高出油率，而且会让茶油更香。茶油的香味来自于茶籽里的淀粉加热后发生的美拉德反应[㊀]。说白了，美拉德反应就是煎炸食品变焦变黄的过程。随着淀粉和脂肪变焦变黄，香味就出来了。这就是烤羊肉比煮羊肉闻着香的原因。可是，苯并芘也跟着这些香味产生出来了，所以健康饮食都会避开过度煎炸。

“但是致癌不是马上发生的，老百姓也不懂。”在苯并芘的问题上，周新平像个十足的专家。这不仅因为他是学化学的，更因为他自己也差点让苯并芘给搞翻车！

苯并芘其实不只产生在炒热的过程中。采摘下来的油茶鲜果先要暴晒，让外层的果壳爆裂，去壳后才能压榨。现在很多村落都铺上了沥青路，油茶果就晾晒在路上。沥青含有大量苯并芘，油茶果晾晒时就有可能沾上。这样的油茶籽压榨出的油，苯并芘

㊀ 美拉德反应是一种普遍的非酶褐变现象，可将它应用于食品香精的生产中，国外研究比较多，国内研究应用很少。1912年，法国化学家Maillard发现甘氨酸与葡萄糖混合加热时形成褐色的物质。后来人们发现这类反应不仅影响食品的颜色，而且对其香味也有重要作用，并将此反应称为非酶褐变反应（nonenzymatic browning），又叫美拉德反应。

很容易超标。

所以，压榨土油或多或少都存在食品安全问题。要达到国家食用油标准，就必须精炼。可是，土榨坊不可能拥有复杂的精炼技术和昂贵的设备，拿到手中的土油品质可想而知。可惜，中国社会信用缺失，消费者对工业化生产的食品印象不好；加之，消费者对油脂加工缺乏基本认识，于是，用最原始方式生产出来的、卫生不达标、致癌物超标的土油成了抢手货。每年收茶籽的季节，80% 的茶籽被送进成千上万的“土榨坊”。

送茶籽的人，眼睛盯着“土榨坊”把自己的茶籽榨出油，灌进自己的桶——这样，他们才相信这个茶油是真的，才敢吃、才敢送人。还有些人当场把自己的油卖给收油者。油是现榨现卖，“土榨坊”老板会事先告知收油者，什么时候开机卖油。于是，收油者提前守在“土榨坊”那里，用自己的眼睛监督他买的油是茶籽榨出来的。“50 元一斤，这是 2015 年的价钱。”常宁市的一位“土榨坊”老板告诉我们。

心理学从来不相信眼见为实。心理学认为：你眼睛看到的世界，不是真实的世界，是你想看到的世界。一位土榨坊的老板说：“如果我想多出油，我可以在任何加工环节做手脚，保证这些眼睛盯着榨油的人看不出来！”

然而，事实不重要，重要的是群体的认知。一位管农业的处长跟我们说：每年他都托农村的亲戚给他买十几斤土茶油。一位银行副行长说：每年银行都会买一些土茶油送给大客户。湖南至今还流行茶油炖鱼，来帮助孕妇下奶。谁家生孩子了，送几斤土茶油！2016年4月，我们用微信做了一个问卷调查，参加调查的61人当中，有32人认为“土榨坊”的土油好过工厂生产的油。

在此，我们必须给读者第四个实用的建议：“土榨坊”的油闻着香，看着真，但不安全！千万不要认为，土就是好！

“土榨坊”榨出的油不仅有苯并芘的问题，更可怕的是米曲霉的风险。

发霉了的茶籽、花生、大豆、芝麻等油脂原料都含米曲霉。中国人大都吃到过米曲霉，比如，吃瓜子、花生和松子时，偶尔吃到一两个发酸发涩的，就是发霉了的果仁，里面就有米曲霉。米曲霉是毒性最大、对人体健康危害极大的一种霉菌毒素。

由于油脂原料容易霉变，正规的油脂加工厂对原料采购、储存和检测都非常严格，工业的检验手段远远优于人工。光谱检测设备甚至能对原料一粒一粒地检查，把发霉的去掉。不仅如此，对榨出的油还要进行提纯或者精炼，以确保最终产品符合国家卫生标准。

我们在此必须向读者提一个问题：假设农贸市场榨油的小老板和现代油脂工厂的大老板有着同样的诚信水平，你是买小老板的油，还是买大老板的油？

恐惧会创造商业需求。人越怕被骗，就越容易被骗。商家抓住了机会，家用榨油机应运而生。在京东输入“榨油机”三个字，228 个品牌冒出来。在此，我们请读者思考一下：一粒一粒挑着吃的瓜子、花生，米曲霉都可能吃进嘴，何况成批量放进榨油机的？发霉的花生和瓜子吃到嘴里，可以吐出来，榨进油里的米曲霉必须通过高温精炼才能剔除，可是家用榨油机的油怎么可能精炼？

在此，我们要给读者第五个实用的建议：不要轻易买家用榨油机，除非你能保证你榨油的原料绝对新鲜，或者你榨的油能精炼处理。

茶油的背后

压榨油和浸出油孰好孰坏

压榨工艺的另一大缺点是出油效率[一]低——不到 80%，超过 20% 的油脂仍然保留在压榨后的残渣中。1843 年，法国人发明了一种新的制油工艺——浸出法。浸出法出油效率在 98% 以上，因出油率高、自动化程度高，发达国家用浸出法生产的油脂超过总产量的 90%。

中国也不例外，浸出食用油占全国食用油总产量的 80%。和其他品类的食用油一样，市场上的茶油大多也是用浸出法生产的。用浸出法生产茶油不仅出油效率高，而且原材料成本也比压榨法低很多。生产 1 斤压榨茶油，原材料成本近 50 元，而 1 斤浸出茶油的原材料成本不足 10 元。

为什么两种工艺生产的茶油成本竟能相差 5 倍？第一个原因是因为浸出茶油使用的原材料并非鲜果，而是压榨法制油后剩余的油渣。这些油渣含有大量油脂，通常将这些油渣做成圆饼状，称为油饼。油饼每吨售价为 1000 ~ 1500 元，“土榨坊”通常都是免费榨油，报酬就是榨油后剩下的这些油渣。由于浸出法制油对技术和设备有很高的要求，“土榨坊”没有浸出能力，就将这些油饼卖给工厂做浸出油。不仅如此，因为油饼中含有大量的茶皂素、糖类、蛋白质和纤维素等，浸出后的油渣还能卖钱——这是浸出茶油成本低的另一个原因。

㊀ 出油效率 = 出油率 / 含油率。

国内茶油企业用浸出法做油除了成本的考量外，还有另外的原因——油茶籽产量太低，大部分被“土榨坊”消耗了，企业很难收到大批量的茶籽。

由于中国消费者对土法榨油有着无知的好感，在商标上印有“压榨”二字的茶油，自然要比印有“浸出”二字的茶油好卖得多。谁知道“浸出”是啥意思？于是，在5倍原料成本差异下，许多商家把浸出油标成压榨油出售。

这种做法算不算虚假宣传？肯定算。为了应付检查，有些工厂配置浸出和压榨两套设备，可是压榨设备几乎不用。有位厂长跟我们说，压榨设备只是在年底时榨点油送给关系户。

这种虚假宣传是不是给消费者带来损失？不一定。按照逻辑，低成本的浸出油冒充压榨油高价卖，消费者肯定吃亏了。可是当大多数厂家都这样做时，茶油价格自然而然下来了，根本卖不到压榨茶油的价格！目前市场压榨茶油，有的价格在一两百元一斤，有的三四十元，甚至十几元钱一斤。绝大多数售价只有50元左右，而生产一斤压榨茶油的茶籽就要50元！

这种虚假宣传会不会给消费者的健康造成危害？不好说。因为压榨油和浸出油孰优孰劣，油脂界和营养学界的专家们都还没有定论。

有专家说，不管什么食用油，压榨油都比浸出油好。因为压榨法没有化学溶剂，可以保留油的独特风味和有益微量物质[一]。而浸出工艺因为使用了化学手段，精炼过程要比压榨油更复杂。精炼越复杂，有益物质被破坏得越多[二]。但也有专家认为，油脂中最主要的营养物质是脂肪酸。同类压榨油和浸出油 99.9% 以上的物质是完全一样的，压榨油多保留的那点不到 0.1%，而且这些有益微量物质在其他食物中也能够得到。不仅如此，轻度精炼的压榨油在保留更多有益微量物质的同时，也保留了更多的有害微量物质。而压榨油一旦经过高度精炼就几乎跟浸出油一样了。所以，压榨油并不比浸出油好。

这种虚假宣传能不能被揭穿？难！常规检验手段检测不出精炼后的浸出油和压榨油的区别。

法律的有效性必须依赖特定的时间和空间，如同中国食用

[一] 中国粮油学会油脂分会专家工作组副组长金青哲教授和中国粮油学会油脂分会常务副会长王兴国教授，在 2012 年 9 月的《中国粮油学报》上发表的《食用油中脂肪伴随物的营养与功能》中指出，“油脂中存在的多种脂肪伴随物至今尚未完全探明，有些具有特殊的生理活性，对人体健康有益，但有些是有害的。”

[二] 中国植物油行业协会秘书长王俊籽认为，从安全和环保方面看，压榨油由于能够保持原有营养，油的品质比较纯；而浸出油则很难满足人们追求食品天然、环保的消费心理。中国农科院山东花生研究所育种专家、有国家级突出贡献的医药专家毛文岳指出，判断食用油的优劣，生产工艺是一个重要标准。

油的法律无法监管“土榨坊”一样，中国食用油的法律同样也无法监管厂家把浸出油贴上压榨油的标签。

油脂相关行业的专家告诉我们，用浸出油代替压榨油是食用油领域的普遍现象。不论什么油，压榨法出油效率都低于浸出法，因此，压榨油的成本一定高于浸出油。不论什么油，高度精炼后的压榨油和浸出油在最终产品上，都无法用常规手段检验出来。因此，在产品商标上注明是何种工艺，完全取决于生产厂家的良心。

于是，现实给中国茶油厂商的尴尬和机会是：

压榨茶油和浸出茶油孰好孰坏说不清；

产品检验也分不清；

原料成本差 5 倍；

消费者迷信“压榨”！

…………

这成了茶油行业“不用说的秘密”。

然而，刚入茶油这行的新兵——周新平并不知道这个行规。

周新平的茶油生意是以为别人代加工开始的——他在过去

的生意经历中，同一个卖保健品和化妆品的公司建立了很好的关系。一开始做茶油，周新平就说服了这个公司的老板把茶油作为一个新产品加到他们的销售网络。因此，在大三湘工厂尚未筹建时，周新平就开始收购“土油”，找加工厂精炼，为这个客户代工茶油。

在收购压榨油时，很多卖家把低价的浸出油混入压榨油中，按压榨油的高价卖给周新平。这让周新平逐渐发现了用浸出油代替压榨油的行规。

我们随机调查了长沙市、厦门市、广州市、深圳市、南宁市的大型超市，发现共有 15 个不同的茶油品牌，只有一个品牌没有注明工艺，剩下的品牌无一例外，标注着“低温压榨”“物理压榨”“压榨”字样。我们将调查扩展到互联网上，在京东网上商城搜索“浸出茶油”，只有一个产品；但是搜索“压榨茶油”，出来 579 个。

“这显然不可能！”我们调研过的油脂专家几乎异口同声——绝不可能有这么多压榨油。反过来还差不多！

湖南是中国茶油大省，2014 年，湖南共有 300 多家茶油企业，茶油产量占中国茶油总产量的 50.3%，其中有多少家真正做压榨茶油的企业？为此，我们专门拜访了省茶油协会和林业厅主管茶油的人员，可惜，官方没有这个数字。

当我们同几家做纯茶油的公司座谈后，得出的结论是，“湖南茶油行业，真正做压榨的厂子绝对是极少数！”案例研究至此，我们只能得出一个不甚严谨，但却符合逻辑的结论，市场上标注压榨的茶油，绝大多数应该都是浸出油。

在此，我们要给读者第六个实用的建议：中国没那么多“低温冷榨”“物理压榨”茶油！便宜的茶油不可能是真的压榨茶油。

当市场上大都是这种既难证实，又难证伪的压榨茶油时，竞争手段就变得雷同：①竞相压价；②不遗余力地夸大茶油的特殊功效。

然而，消费者不那么好骗。当他们被价差如此之大、品牌如此众多和功效如此神奇的压榨茶油搞晕时，消费者对工业化生产的茶油投了集体不信任票，他们宁可相信自己的眼睛，相信传统，甚至是迷信。于是，土茶油比现代茶油好的印象被加深了。

了解到茶油行业的潜规则之后，周新平在做自己的品牌时，在选择做纯茶油的基础上，又加了一个限制条件：只做压榨油，不做浸出油，而且是做真正的压榨油！

尽管专家们对压榨茶油和浸出茶油孰好孰坏意见不统一，但周新平坚信压榨油一定比浸出油好！他说：“人和黑猩猩的基因只有 1% 不同，就是这 1% 让我们成为人。没经过高温精炼的压榨茶油中，那不到 0.1% 的微量有益物质一定是茶油中最值钱的东西！可能就是这 0.1% 的东西，让李时珍发现了茶油的药效和食疗作用！我就是要盯着这 0.1% 做。”

周新平骨子里是个中国传统文化的坚守者。他不仅每天早上和公司员工一起背《论语》，更坚信中国老祖宗对茶油所描述的药效和食疗作用是真的，他相信现代的生产和科技手段一定能把茶油这个大自然给中国人的特殊礼物发扬光大。

他还坚信一定会有越来越多的中国人追求更高质量的生活，他要为这些人提供配得起他们口味的真正压榨茶油。

同时，他还相信，只要不趟调和油和浸出油的浑水，他的路就会好走些。

然而，周新平忘了：城门失火，殃及池鱼。每天吃油的消费者有几个知道压榨油、浸出油、调和油里有这么多学问和这么多猫腻？！

茶油的背后

苯并芘——致癌物

2010 年 3 月，国家质检总局进行风险监测时，发现一家茶油公司的产品苯并芘含量超标。于是，当地质量监督局当即决定立案查处，向该公司下达了整改和召回通知书，并封存了工厂仓库里的问题产品。

随后几个月，该公司从商场召回了一些问题茶油。但有关方面却未公布该消息，消费者对此更是一无所知。

2010 年 8 月，一条关于该公司的茶油被查出含有超标致癌物质的微博被大量转载，公众才知道这家公司茶油苯并芘超标的事。

随后，该公司发表声明，称网络上的说法为“谣言”，并声称已主动与监管职能部门积极沟通，将会在合适时机发布信息。就在大众以为苯并芘超标事件尘埃落定时，网络又传出该公司茶油致癌物超标被秘密召回，引起轩然大波。

2010 年 9 月，该公司发表致歉信，承认若干批次的产品存在苯并芘超标问题，并承诺将按国家最高赔付标准退换、赔付。舆论一片哗然，这相当于茶油行业的“三聚氰胺”事件。处理这次事件的负责人说：粮油问题关系国计民生，不公开是为了“维护社会稳定”。

这个事件并非就是“黑心企业昧着良心赚钱”那么简单，而更多的是我国法律、法规、标准不适应商品大潮，甚至互相打仗，因此无法准确界定和测量这些铺天盖地的新产品。还有，政府部门也不是神，他们也需要时间和事件才能学习和掌握这些商品知识。因此，对一个新的质量问题，谁也没有把握快速准确地下结论，特别是关系整个行业的问题。

我们在访谈时听到一个有意思的细节。一个熟悉该公司的人说："2010 年时，这个老板都不知道有苯并芘这回事。事情发生后，他还说，'什么是苯并芘？食用油的标准里，根本没有苯并芘呀！'"

的确，苯并芘这个指标并非存在于茶油食品检测标准中，而是存在于食品卫生检测标准中。注意，食品标准和卫生标准是两个标准，由不同的部门制定。茶油的食品指标是由国家粮食局标准质量中心、国家粮食局西安油脂食品及饲料质量监督检验测试中心和国家粮食储备局油脂科学研究设计院联合起草，并由国家质量监督检验检疫总局发布的。而食品卫生标准是由上海市卫生局卫生监督所、卫生部卫生监督中心等 14 家机构起草，并由卫生部和国家标准化管理委员会发布的。

在该事件之前，很多食用油行内的人都不曾听说过"苯并芘"这个词！绝大多数茶油企业都仅仅是按照茶油的产品标准去做，认为达到了产品标准，就自然达到了食品卫生标准。几乎没有人注意到，茶油指标并不涵盖这个食品卫生指标。换句话说，当年茶油行业的绝大多数企业根本不知道要去控制和检测苯并芘！

中国质量检验更多的是产品上市前的检验。一旦检验合格，以后每批样品只需送检，而送检样品只检测产品指标，产品指标不包括卫生指标。所以，时间一长，很多企业就忽略了，甚至误以为不需要检测。因此，当时几乎所有茶油企业都可能存在着苯并芘超标的情况！

两套标准让所有的茶油企业乱了套，但这个事件发生之前，竟没有人发现！这背后的原因太复杂了，所有存在问题的企业都有责任，又都情有可原。这是中国从计划经济向商品经济转变必须经历的阵痛。

“那为什么2010年质检部门突然检验茶油的苯并芘含量了？”我们访谈的茶油行业的人笑着说：“那个公司比较张扬嘛，而且要上市，应该是竞争对手整的。”

看来，在中国做事必须低调。老祖宗的“锦衣夜行”有道理。

苯并芘事件严重影响了消费者对茶油的印象。人一恐慌，谁还分青红皂白，大三湘为客户加工的4000多万元茶油也完全卖不动了。

不仅茶油卖不出，当年茶油的市场价格一下子跌了40%！年初周新平已付了1500万元油茶籽定金，可是茶油积压，资金断了，连工人的工资和农民的管理费也发不出来了。

屋漏偏逢连夜雨。之前提到的太和堂800亩油茶苗几乎死光和苗圃基地200万株茶苗大面积死亡也恰恰发生在此时。此时正是周新平进入茶油行业的第三个年头，他45岁前打工积攒的3000万元全投进来了；此时，他的现金都变成了死茶树、平整的山头、在建的工厂、卖不动的存货、别人账户里的定金……

大三湘转不动了。周新平心灰意冷，不想干了。

还有比他更难的

茶油的

背后

他回到老家祁东县太和堂的山区，想再看看一年前栽下的油茶树怎么就全死了？“全死了，真心疼啊。春天还好好的苗子，看着很开心。结果到秋天，都黄了。”

周新平拿 2 万块钱包了 100 个红包，“我打算把红包发给乡亲们，和大家说声对不起，解除合同。”

当周新平挨家挨户拜访，再从一家家农户走出来的时候，已经哭成了泪人。“现在回忆起来，有时候还会流眼泪。”周新平感慨良多，“一些农民家里，说是家徒四壁一点儿都不为过。有一家，爸爸 30 多岁时得癌症，花光了所有能借到的钱，不敢再去医院，在家拖，生生痛死了，留下了三个女儿。妈妈现在才 40 岁，已经满头白发，还有一身病。地没人打理，荒在山上。她家房顶是破的，墙壁是用草、秸秆和泥巴糊起来的。三个女儿和她一起挤在一张木头都已经烂了的床上，床的上面支着塑料布，是用来挡雨的。每次外面下雨，屋里都是一汪水，雨停了，再把水舀出去。靠近门口的位置有四五块黑色的砖头，码得整整齐齐——这是学习用的‘书桌’。因为安不起窗户，整面墙都是砌死的，屋子白天也是黑洞洞的，只有屋顶的破洞处能透进些光来。写作业的时候就把门打开，三个女儿轮流蹲在‘书桌’旁，从门口借一点光亮。她的二女儿说，她的梦想是好好读书，将来当个医生，给看不起病的人治病。‘因为爸爸就是没钱看病才死的’。”

村里最多的是留守老人和留守儿童。有些老人的儿女外出就再没回来过，也没有给家里寄钱。并非是这些子女不孝，而是因为很多人在外面也没有赚到钱。可是，村里更没事做。很多老人连买油盐的钱都没有了，一旦重病，只有等死或自杀。他们没有尊严，很多人说活着没意思了。对这些留守老人而言，卑微而麻木地活着，还不如“理所应当”地死去。

“他们跟我聊到死亡时的决然和冷静，让我说不出一句安慰的话。如果我是他们，我也不知道怎么活……”周新平说，“我离开老家快30年了，怎么也想不到，家乡的人变得这么绝望！他们就是山沟里的野草，没人在意他们长什么样，也没人在意他们什么时候走。”

周新平的母亲曾经跟他说，邻居老太太跳水自杀了。她生了五个孩子，两个女儿嫁在外面；大儿子不幸早逝；二儿子常年在外打工，不回家；小儿子在外面游手好闲，最后竟因偷窃被拘。她的老伴儿也过世了，自己一个人独居。这位勤劳的老人，辛辛苦苦地抚养大五个儿女，却落得如此凄惨的晚年。有一天晚上，老太太跳水自杀，正巧有人经过，把她救了上来。救她的人还陪她住了一晚，结果第二天早上醒来一看，人又不见了——她跳进同一个水塘，终于如愿了。

我们没有统计数据，但在我们走访茶农时，感到农村自杀的老人比较多。哀莫大于心死。人到晚年，身体每况愈下，没有积蓄，没有亲情，只剩下苟延残喘。

周新平本来包了100个红包，可是走了30多个农户，就走不下去了。他把剩下的红包交给村干部代发，一个人蹲在太和堂的油茶地，摸着一棵棵枯死的油茶苗，不知道该怎么办。

“书记和农户都留我。他们眼巴巴地望着我：我们现在知道了，你是想干实事的人。请你留下来。你要是走了，我们又没有收入了。你放心，这些六七十岁的老人一定能管好茶山。”

在那一刻，周新平突然意识到茶油对他来说是一个生意，对这些人来说却是生活的希望。他犹豫了。

可是还能做吗？他的钱都花光了！周新平把自己关在屋里。他一会儿想做，一会儿想撤。想做，需要钱，到哪里找？钱借来，再亏了，咋办？刚做茶油时，70多岁的老母亲就劝他，读了这么多年书，好不容易离开农村了，现在却回来种油茶树，早知道做这个，还读书干嘛？这可不是好干的活。

周新平哭一会儿、睡一会儿，整整三天没出屋。

在四平八稳的生活中，人不会升华。变化需要事件。

周新平种油茶树的初衷是什么？好几个原因搅在一起。他说，打工打厌了，想自己做出一番事业，也想给家乡做点贡献，因为每次回家都感到家乡每况愈下，与城市的距离越拉越大。当然也想赚钱，钱还有够的时候吗？

人有选择的时候，都会想入非非，什么都想要；只有在绝境，才能明白自己最想要什么。

这一连串打击和这三天“闭关”让周新平升华了。他反复问自己，我为什么还要做这件事？如果为自己，完全不需要。他分分钟可以找一个年薪七位数的工作，回到他熟悉的现代生活。可是回去，心里会总有一个空着的洞——太和堂这一幕幕的贫穷和无奈。他开始严肃思考人是不是应该为别人活的问题。周新平是个逻辑思维极强的人，他知道，只有找到和确信这个答案，他继续做下去的逻辑才成立。

三天后，周新平走出来了。

他说：“我想明白了，我做茶油最重要的目的是为我的家乡和农民做点事。这些年自己在城市、在沿海，一直在经济发展的浪尖上。可是没想到家乡却破败成这样。小时候抓鱼的河，再也见不到鱼；小时候游泳的水塘，变成一摊恶臭的污水。有的夫妇把孩子留给父母，分头到不同的城市打工，离婚后，连自己的孩子也不管了。这样的孩子，很多就成了小混混。我所熟悉的农村，家庭的亲情几乎没了！亲情可是人类道德的最后底线。这个底线要是没了，人就不是人了！因此，我必须做这个事，做成了，这辈子值；做败了，我良心过得去。”

要干，首先要找钱。大三湘有三个股东，周新平占70%。他打电话给另外两个股东，悲壮地讲完要做下去的理由。他的情绪感染了另外两个股东。**人心都有一块芳草地，只要气候适宜都会开花。**他俩一致表示：只要你坚持，我们一定支持，哪怕十年不赚钱！

最后，大三湘董事会决定再注资3000万元。周新平占70%的股份，这意味着他还要再投2100万元。周新平个人已经拿不出这么多钱了。于是，他把老婆压箱底的钱骗了出来。周新平跟她讲，公司形势大好，还要增资。不过，周太太也只有200多万元，远远不够。周新平一咬牙，又把家里的两套房子卖掉了。“一套别墅，一套单元房，以当时市价的70%卖，一个星期就卖掉，又有了300万元。”

可是还差1600万元！他找到了自己的老东家——大长江集团的老板。周新平跟前老板把做茶油的初衷和现在遇到的事一五一十地讲了，同时提出把他参与投资的一家马上要上市的公司股份作抵押，向老板借3000万元。我问他：“为什么要借3000万元，不是只差1600万元?”周新平说：“要是再不够呢？！”

老板知道周新平的为人，不到半个小时，就同意借他3000万元，可以随用随取，利息按照央行的基准利率，比贷款利息低了一半。周新平说：“其实，老板和我都明白，我当时抵押的股份不值3000万元，我也跟老板说了。他说，没关系，他支持我干一件有意义的事。我想，如果我干砸了，我就再给他打10年工！”

有了新的目标，有了新的资金，周新平不仅视野远了，视角也宽了。站在贫穷而又美丽的家乡山头，再审视茶油这个行业，他突然觉得苯并芘事件可能是个好事，它会提高人们对茶油的认识，同时也给了他这样的后来者机会。

"人的发心是好的，连老天都会帮你"

茶油的背后

“人的发心是好的，连老天都会帮你。”周新平不是佛教徒，但这是他经常说的一句话。发心是佛教的一个术语，是发菩提心的简称，指的是利他和救众生脱苦难。

周新平拿到了3000多万元借款后，好事竟然接踵而至。

2010年12月25日，周新平参与投资的公司上市了，周新平成了亿万富翁。借来的3000万元，只花了1500多万元。债务彻底解决了。

与此同时，政府有关部门也出面澄清了某公司茶油苯并芘超标是工艺造成的，而不是网上传的茶油本身有毒。同时，撤下了网络上针对茶油夸大事实的负面报道。同年湖南干旱，茶籽歉收，市场上茶油供不应求，价格回升很快。大三湘库存的茶油也很快销售一空，现金流正常了。

那一年，有关部门抽检了市面上所有茶油品牌，大三湘的茶油是极少数没有苯并芘超标的产品。为什么？原来最初委托大三湘做代加工的客户从没有卖过食用油，因此对与周新平的合作极为慎重。他们不仅要求大三湘加工的茶油必须达到国家食用油标准，而且他们的技术人员要亲自参与茶油所有指标的测试。这个公司是靠卖保健品和化妆品起家的，虽然不懂油，但他们对化工类产品不陌生，而且一直有着极为严格的质量标准。于是，没做过油但有化工背景的周新平和同样没做过油但有保健品和化妆品背景的技术人员，对照国家茶油标准，找到国内几家大型食用油公司的专家反复请教，对每一条标准进行实验论证。

跨界的人往往更认真。

茶油的国家标准中有一项检测指标叫作皂化值[㊀]，范围在 193 ~ 196 之间。大三湘检测后发现，很多茶油样品的皂化值都超出这个标准范围。为了搞清楚究竟是怎么回事，他们找到参与标准起草的西安油脂研究所的所长请教。没有明确答案，又跑到了国家粮食局咨询。最后，他们按照国家粮食局专家的要求，把全国各地的茶籽收集起来，送了 60 多个样品到国家粮食局的检验机构重新检测。检测后发现，竟然是国家标准有问题——皂化值波动范围标准只有 3。可是正常茶籽由于地区不同，种子不同，采摘时间不同，皂化值变化完全可能超过 3。

周新平是个一根筋的人。他拿着数据一直找到定标准的人，最后搞清楚：这个标准竟然可能是当时制定标准的人拍脑袋定的——“193 ~ 196 就可以了”。

㊀ 皂化值的定义是皂化 1 克试样油所需氢氧化钾的毫克数。皂化值是酯值与酸值的总和。皂化值的高低表示油脂中脂肪酸分子量的大小（即脂肪酸碳原子的多少）。皂化值高，说明脂肪酸分子量少，亲水性较强，易失去油脂的特性；皂化值低，则脂肪酸分子量多，或含有较多的不皂化物，油脂接近固体，难以注射和吸收。

“差不多”和“不求甚解”体现在中国的方方面面，没想到标准竟然是这么定的！

“据说新的国家标准正在制定中，新的标准准备取消皂化值这一项。如果取消了，这可有我的功劳。”周新平一脸苦笑。

不懂茶油的客户最后给大三湘的茶油定了34项指标，而国家茶油标准只有24项（其中，产品标准15项，卫生指标9项）！没办法，那个客户是大三湘当时唯一的客户，周新平只能接受这个“丧权辱国”的条约。

而这34项里恰恰包括了苯并芘。

生意跟人生一样，表面看，似是自己规划的，其实命运的作用远远大过人。谁也不会想到，这个“丧权辱国”的检验标准恰恰歪打正着，让大三湘躲过了苯并芘一劫；不仅躲过了，还让新进入者——大三湘茶油异军突起。

这34项超行业标准，不仅让大三湘躲过了苯并芘，还为大三湘打造了一支严格的质量团队。

士为知己者死

为了满足代工客户苛刻的质量要求，周新平把他最信任的老部下田华找来。田华曾在周新平当总经理的化工公司做过十多年质量总监，现在是大三湘的执行总裁。她个子不高，梳着单马尾，戴着一副眼镜，像是大学里的教授，说话也轻声柔气。然而，她却是一个质量控制狂。周新平说："她是个做事认真且坚持原则的人。有些灰色地带的质量问题，我作为总经理要放水，她都会拦下。"

田华说："我跟周总打过'很多仗'。时间长了，他理解了我，曾跟我说：你永远是我的质量总监！他一创业就找我，让我挺感动。像我这么死板的人，也会被人欣赏。我原先对衡阳的印象不好。我家在西安，去广州上学坐火车要路过衡阳，一到衡阳，列车员就喊，'衡阳到了，衡阳到了，大家把窗户拉下来。'因为窗户开着，下面的人就可能把行李架上的东西抢走。我当时只知道周总是湖南人，就问他，'你怎么想起来到衡阳去搞？'他说，'衡阳是我家。我打工这么多年，有一点积蓄了，也想报效一下家乡父老。'也不知道怎么回事，听到这句'报效家乡父老'，我的眼泪就流出来了。"

我们盯着田华的眼睛问：你敢不敢说大三湘的茶油标准在国内是最严格的？

“绝对最严格的。”田华斩钉截铁，“我本来对质量要求就很严苛，但这个代工客户提出来的这些指标，让我都觉得他们太啰唆了。他们公司要做一个新产品，会把这个产品的国内外信息，包括网上的谣传都汇集起来分析。他们公司有一个法务部，法务部的人不懂技术，只负责把所有相关信息和词条都找出来，丢到研发部，研发部必须一条条确认。他们这样做的目的是确保不能因为某个疏漏，让他们在中国经营多年、每年有上百亿元销售额的生意出问题。”

为了确保客户的质量要求，周新平选了上海最好的油脂厂加工（当时大三湘的工厂还没建成）。田华带着人，从早上 7 点到晚上 12 点，守在生产线上。“从生产到灌装都要守。我以前没有接触过油脂，就把有关的书都找来看。好在我做过十几年的质量管控，油脂产品质量控制对我来说不太复杂。”

田华手下有 4 个人，她把需要注意的地方一条一条地写出来并讲清楚后，领着他们在生产线上手把手地教。

“那段时间，我们每天工作 12 个小时以上，再加上来回路途，脚都是肿的。我的鞋中间不敢脱，脱了就穿不进去。”说着，田华又笑了，“我的团队里有一个不到 20 岁的小姑娘，每天晚上回去趴在床上就喊，‘我想回衡阳’，然后，睡一觉，第二天又去工厂了。”

“刚开始，那些上海师傅理都不理我们。那个小女孩，刚刚中专毕业，负责盯着封盖的工序，每次检查要拧开几十个盖子。有一次，一批瓶盖锁上后出现滑丝，瓶口螺纹和瓶盖连接处不能咬合，也不容易拧开，还可能漏油。不仅如此，瓶口液面高低也不一致。她叫人停下来，工人们看她小，忽悠她。小女孩不知道怎么办，一着急，哭了。这一哭，把生产线上的师傅吓坏了，赶紧停工，一边安慰，一边问她：‘老板究竟给了你多少钱啊，让你这么干？’其实那个小丫头当时一个月工资才 900 块。”田华笑着说。

“我们就是这样整天盯着。”可能是这种韧劲把对方感动了，也可能是在一起干久了，整个生产线的人不仅开始配合工作，而且主动告诉田华他们，做油什么地方容易出问题，检验应该有哪些技巧，如果有假油应该怎么判断。“这些工人说，‘我们做代工无数次了，从来没见过你们这么干活的。’”

周新平和田华原来从事的是精细化工，比食用油加工要难很多，加上这个严格的客户，两样凑到一起，把大三湘茶油的质量一开始就提高到了行业水平之上。

然而，高质量并不能保证高价钱。

劣油逐良油

上文提到过压榨油和浸出油的区别，连国家质检部门都无法检测出来，所以，不管是浸出油还是压榨油，市场的茶油几乎全标注着“压榨”。可是消费者哪知道其中的“奥秘”，大多数只会选便宜的。真正的压榨茶油在市面上越来越少。

我们在采访湖南一家做浸出茶油的企业时，他们讲了一个故事。有一个老板，一开始也像周新平一样，雄心勃勃，要做100%的压榨纯茶油，结果熬了5年不见盈利。第6年，进了1000吨油饼，试着做浸出油。第7年，一气儿进了1万多吨油饼！显然，第6年的浸出油让这家企业尝到了甜头。面对5年连续亏损和摆在眼前的盈利，有多少人能禁得住这样的诱惑？这家也曾雄心壮志要做100%压榨油的茶油厂，最后像绝大多数茶油厂一样做了浸出油。末了，讲故事的老板风趣地说了一句：“又一个理想主义者倒下了，不知道大三湘会不会是下一个。”

大三湘没倒下，但却是爬着走的。

2011年，周新平的工厂建成了，大三湘终于可以生产自己品牌的压榨茶油了。周新平把销售重点选在富裕的广州。

一开始，他们按照传统食用油的销售方式，将大三湘的茶油摆上了超市的货架。一上架就露怯了，大三湘茶油要比同样标着“100% 压榨纯茶油”的十几个品牌的价格高几倍！可是，无论从外观上，还是口感上，普通消费者很难体会到大三湘与别的茶油有什么明显的区别。

尴尬和悲剧恰恰在于，食用油尽管是每天吃的东西，但消费者不具备鉴别质量的能力。怎么办？消费者只有两个选择：①买叫得响的；②买便宜的。整整一年，大三湘在超市这个渠道卖出去不到 10 瓶！

显然，大三湘违反了茶油这个行业的行规！周新平又碰到“假做真时真亦假”的现实。

既然超市的消费者不能接受这种价钱如此高昂但货真价实的茶油，那大三湘只有另辟蹊径。他们在广东找了 200 家做高端保健品的经销商。一年后，200 家经销商卖出的茶油竟然不到 5000 元。这个方向也不行。谁会把食用油当作保健品来买？！第 3 年，大三湘决定开专卖店。

2011 年，大三湘在广州的高档小区开了 3 家专卖店，还在广州的报纸、电台、电视上投了上百万元的广告。“这招确实见效，店面装修华丽，陈列讲究，加上广告打得响，店里人来人往，看起来很热闹。可是，旺丁不旺财，真正买的极少。”大三湘专卖店，每店每月的销售额只有几千元，每家店的开支却要15万元～30万元。坚持了一年半，3家专卖店没有一家盈利。

到了2013年，周新平的流动资金又快用光了。

好在周新平投资的上市公司股票流通性很好，股价也不错，周新平“仓里有米心不慌”。他说：“没有钱，我就卖股票。”

中国人迷信香味

精油的背后

茶油的香味有两种，一种是原始香味，另一种是上文提到的油茶籽加热产生的香味。

一个偶然的机会，一个常吃茶油的朋友问周新平，大三湘的茶油怎么还没有乡下土榨的茶油香？这个外行的问题，也是普通消费者的问题，一下子提醒了周新平，中国人信自己的鼻子，大部分消费者认为带香味的油才是好的、才是真的。能不能开发出既符合卫生标准，又能保持原始香味的茶油？这样就可以让大三湘茶油更符合消费者的认知。

然而，这不是一件容易的事情。“土榨坊”的茶油，没有精炼，虽然保留香味，但同时残存了大量的杂质，这就是土油炒菜更容易冒烟的原因。现代工业手段生产的茶油，在压榨后必须精炼，这样才能保证符合卫生标准；可是精炼后的茶油，香味也去掉了。

有没有可能让茶油压榨后，直接就符合国家标准？像最好的橄榄油那样，不需要精炼，压榨后就能食用。2011 年，周新平去了橄榄油大国——西班牙取经。西班牙是世界上最大的橄榄油生产国和出口国，年产油量约 160 万吨，占世界总量的 50%，被誉为“世界橄榄油王国”。周新平一行拜访了一个橄榄油庄园。这个庄园的老板是卡洛斯国王的妹夫，他们的橄榄油直供皇室食用。

为了让对方传授一点技术，周新平买了两个集装箱的橄榄油和红酒，因为没有竞争关系，西班牙人向周新平敞开了大门。周新平派田华带领团队再去西班牙，同西班牙的技术人员仔细研究橄榄油制作的要点。

“最好的橄榄油，必须在橄榄果摘下来的 4 个小时之内压榨，这样才可以保证原料的新鲜，得到酸价[一]在 0.8 以下的特级初榨橄榄油。”

这次交流对大三湘团队触动很大，橄榄果从树上采摘下来，清洗后，把果肉打成浆，再经过简单过滤，就可以得到质量上乘的橄榄油。制作的整个过程中不需任何化学处理，不经过高温，是典型的冷榨[二]工艺。

不仅如此，西班牙人对橄榄油压榨环节的每一个工艺都有极为严格的要求，这才使得初榨橄榄油不经过高温精炼就能符合安全标准，也因此保留了橄榄油的风味和营养。

㊀ 酸价是脂肪中游离脂肪酸含量的标志。脂肪在长期保藏过程中，由于微生物、酶和热的作用发生缓慢水解，产生游离脂肪酸。而脂肪的质量与其中游离脂肪酸的含量有关。一般常用酸价作为油脂质量的衡量标准之一。酸价越低，说明油脂质量越好，新鲜度和精炼程度越好。在一般情况下，酸价和过氧化值略有升高不会对人体的健康产生损害。但如果酸价过高，则会导致人体肠胃不适、腹泻，并损害肝脏。

㊁ 冷榨，是指在 60℃以下的环境下进行压榨的一种产油工艺。由于温度低，冷榨法得到的食用油脂营养成分保留最为完整。

但是，如此简单的方法，对茶油却不适用。油茶果不像橄榄果，采摘下来经过清洗就可以直接榨油。一颗完整的油茶果有两层“外衣”。第一层是厚厚的果壳，剥开果壳后，露出里面棕黑色的茶籽，茶籽外面还有一层薄而坚硬的籽壳。将这层籽壳剥开，才是真正含油的油茶籽仁。农户采摘下油茶果后，通常要先晾晒至外层果壳自然爆裂。即使阳光充足，晾晒至少也要 4 天。待果壳裂开用手剥掉，再经过风颠扬净后，才能压榨。

相比柔软的橄榄果，油茶籽质地坚硬，压榨时的压力也更大，这使得茶油压榨机内的温度远远超过橄榄油压榨机。高温就有产生苯并芘的风险，因此，压榨茶油最后还需要精炼去除苯并芘。精炼是不分青红皂白的，在去掉苯并芘等杂质的同时，茶油的香味和其中的活性物质也被杀死了。

因此，茶油不能直接使用橄榄油的压榨方法。

难道我们的茶油就是不如西方的橄榄油？

“天道无亲，常与善人。”说的是好人总会得到老天的帮助。

周新平又走运了。

大三湘的冷提技术

茶油的背后

曾在化工行业沉浸十几年的周新平，深知科研的力量。在创办大三湘之初，周新平就斥资300万元建立了实验室。“当时主要的工作是化验常规的理化指标。无论是收来的茶籽，还是出产的成品油，都需要经过检验。”后来，这个实验室被陆续完善，直至拥有独立检测卫生指标的条件。

赖琼玮便是实验室最早招来的三名研发人员之一。2012年，周新平找到他，说：“你来当技术部的总监吧！就解决一个问题，怎么让压榨茶油既符合国家标准，又能保留原香和微量有益物质。”

“小赖喜欢钻研技术，我相信他一定能成为油脂领域的专家！”

这句话，周新平说对了！

赖琼玮学的是食品工程专业。来大三湘之前，他曾在另外两家油脂企业负责品质控制。他对技术的着迷，让周新平慧眼识金。2012年3月，周新平将这个重担放在了年仅31岁的赖琼玮肩上。周新平真狠，他竟然让小赖争取在半年内，解决这个茶油行业的难题。

说起技术的突破，赖琼玮轻描淡写。他认为，技术就是一层窗户纸，一旦被捅破，一点儿也不神秘。

然而，为了捅破这层窗户纸，赖琼玮将当时市面上所有标有“浓香”字样的油品都买了回去。市场上并没有“浓香茶油”，他只得从花生油、菜籽油、橄榄油等其他油品入手。“既然要保留茶油的香味，我就要看看别的油品是怎么保持香味的。”然而，调查结果却令人大失所望。赖琼玮发现，大部分所谓的“浓香”油是勾兑出来的——将没有精炼的含有香味的毛油和精炼过的油混合在一起，这样既得到油的香味，又能达到国家标准。“虽然我们也能这样做，但这样做油，品质不是最优的；而且这是投机，不符合大三湘的理念。”

没有成熟的工艺技术可以直接借鉴，赖琼玮只得自己摸索。他思考：既然传统的高温精炼会造成茶油的原香味和活性物质流失，那么有没有可能找到一种材料，使用物理吸附的手段，在低温环境下，就能将茶油中的苯并芘等杂质除掉，同时又不影响茶油本身的原香和有益物质呢？平时就喜欢钻研技术的赖琼玮，直觉认为这个思路是可行的。剩下的事情，就是找到这种物质。

为了寻找这种物质，赖琼玮每天泡在实验室里 10 个小时，用不同材料吸附毛油，再检测吸附后的成品油指标是否合格。半年时间，赖琼玮实验出了近 600 个样品，其中只有 30 多个能保留茶油的原香味。当时大三湘的检验设备还没有现在这么先进，香味合格的样品要送到市里的检验所进一步确定有害物的残留量。然而，赖琼玮送出去的30批样品，卫生指标都不达标。

“压力非常大。”赖琼玮向我们坦言。“越投入，扎得越深，就越不容易跳出固有的思路。”休息一段时间后，赖琼玮重新捡起实验。

最终，实验的成功出乎所有人，包括赖琼玮的意料。赖琼玮在整理实验室时，偶然发现了一份遗忘在冰箱角落的样品。“吸附通常需要加热，可是这份样品因为疏忽一直落在冰箱里。我一闻，有茶油的香味！送到市里检测，卫生指标也合格！”

反复测试，同样工艺做出的茶油统统达标。同年10月，大三湘请来了油脂领域的专家做鉴定，肯定了这种工艺。当年，大三湘为这种保持茶油原香的工艺申请了专利——“富含活性成分的原香山茶油及其制作方法”。这种剔除杂质的方法称为“冷提”。

2015年，赖琼玮获得农业部颁发的中华农业科技成果一等奖。我们问赖琼玮，模仿这个冷提专利技术难不难？他说：“不是很难。之前一直被传统思维禁锢了，认为吸附需要适当加热，然而，这种物质在零度效果更好！只要方向对了，其他人也能搞出来，只不过以前大家没往这方面想。”

小赖是搞科研的人，说话实在，不忽悠。

很多食用油的销售人员对顾客说：“为什么压榨油贵？因为压榨油没有经过高温精炼，油里的有益活性物质都保留了，是活油。而浸出油经过高温精炼，里面的活性物质都杀死了，是死油。”

其实，这个说法不严谨。

在此，我们要给读者第七个实用的建议：不要随便相信“冷榨”和“物理压榨”这些字眼，很多压榨油也要经过高温精炼才能达到国家卫生标准。这样的油尽管是压榨的，但同浸出油一样，是死油。只有不经过高温精炼过程的压榨油才能保留微量有益物质。

然而，有了技术并不保证有好产品。大三湘除了自己的油茶林，还以合作社的形式同30万亩老茶林的农户签了长期收购合同。有些农民为了多卖钱，不仅把差的茶籽混在里面，甚至把石头和破鞋也藏到口袋底下。不仅如此，茶籽是在农户家自己晾晒的，很可能会有污染，最常见的是动物粪便、粉尘颗粒和柏油沥青。

因此，大三湘的茶籽在压榨前，必须要经过水洗和色选。水洗可以去除表面污物、微生物及运输过程中可能沾染的农药等杂质；色选可以剔除霉变籽。如果要通过精炼去除毛油中的杂质，压榨前的水洗和色选就不需要，而大三湘是用“冷提”替代了精炼，因此，必须保证原材料的清洁。这是借鉴了橄榄油的加工工艺。

赖琼玮是个技术迷，最近流行工匠精神，你跟他聊天总会联想到这个词。大三湘工厂的水洗设备就是赖琼玮自己设计出来的。因为大多数茶油厂有精炼工序，没必要保证原材料的绝对干净，所以茶油行业没有把水洗设备应用到生产线上的先例。赖琼玮只能从头开始调研，把市场上常见的几种水洗形式综合在一起，最终特制了一台茶籽水洗机。

不仅如此，将光谱拣选设备用在茶油行业，大三湘也是第一家。好的茶籽是浅棕色的，霉变的茶仁颜色会发黑，细菌侵入的会变白。色选就是用光谱设备，通过颜色的差异甄别并剔除霉变和异类茶籽。之前人工挑选，全凭经验和眼力，有时候剔除不干净。用机器替代人眼后，就确保不会有霉变和异类籽漏网了。

人都被骗怕了，只有看见才相信

大三湘解决了产品的技术难题后，按理说周新平可以喘口气了。然而，做企业从来没有过了这个坎就一马平川的时候，何况是农业企业。茶籽收上来了，产量做出来了，卖不出去也是要坏的。

在广州连亏了三年，大三湘的市场还是打不开。

“我们整个团队都挺稳定的，就是销售总监这个职位，已经换过三个人了。市场太难了。”大三湘执行总裁田华说。

我们问周新平：“做大三湘最难的地方在哪里？”周新平毫不犹豫地说：“销售。”

中国真是后商品经济时代了。什么产品都多，最难的就是卖。

网上有一个段子，某人力总监登广告要找 10 个销售员和 1 个会计，10 天了，只有 1 个人递简历要做销售，而当天就有 10 个会计递简历。于是，他跟老板说：“咱们公司改行吧。”老板说：“改啥？”他说：“会计师事务所。”老板说：“行！你找客户来，我就改。”

周新平说：‘我们的茶油是最好的，对得起消费者花的每一分钱。我也相信在中国，有相当数量的消费者买得起我们的油。但是目前的市场环境，人与人之间、消费者与厂家之间，没有了基本的信任。我们这样货真价实的好产品在现成的市场渠道就是卖不掉！”

大三湘现在的销售总监周素琴，最初不是以总监身份招进来的。当前面两任都走了之后，她脱颖而出。2012 年是大三湘销售的最低潮，总部的销售团队只剩下周素琴一个。

周素琴为什么能留下？

我们的观察是，不仅她更相信周新平，而且她具有销售员最可贵的素质——不能说服别人购买，自己难受！大三湘的销售人员遇到的最大挑战是如何向消费者说明，这种货真价实的压榨茶油不同于浸出法生产的茶油。因为消费者从外观上根本分不出这两者的不同，但别人茶油的价钱只是大三湘的一个零头！

一个经销商拿着两瓶茶油问周素琴：“你告诉我，这两种油的区别在哪儿？凭什么你的卖 130 元，人家只卖 30 元？”周素琴之前苦口婆心向经销商们讲过多次压榨油和浸出油的区别全白说了，这个经销商用这两个瓶子确切无疑地告诉她，语言表达的产品差异化多么苍白无力！

周素琴急了，说：“我也说不清了，干脆请你们去我们工厂，亲眼看看我们的油是怎么生产出来的。”

真没想到，周素琴请的十几个经销商，到工厂和油茶山看了一圈后，大部分竟当场拿了货。这件事让周素琴一下子就明白了，原来大三湘茶油的卖点是大片的茶山和压榨工厂。必须让消费者像看“土榨坊”那样，看到我们的原料种植管理和生产过程，这样才能说清楚大三湘的油为什么比别人的好。浸出油工厂不仅没有茶山，油也不是压榨出来的，不可能给人看！

可是高兴了没几天，周素琴的电话就被这些经销商打爆了。经销商拿的货卖不掉，要求周素琴去帮他们促销。事情又回到了原点，周素琴不仅疲于奔命，促销效果也不好。沮丧的周素琴又想，这些经销商看了工厂才愿意下单，如果这些人是最终用户，买回的油自己吃，就没这么多麻烦了。

“我们要用直销的方式找到最终用户，然后把他们带来参观。”于是，周素琴开始频繁参加各种直销圈子，向有兴趣的客户卖2000元钱的大三湘油卡。周素琴比其他直销人员只多一个优势——她能让客户来大三湘基地看这么贵的油是怎么做出来的。

这就是大三湘会员销售的雏形。

周新平说：“人都被骗怕了，只有看见才相信。我们只能避开现成的销售渠道，取消所有中间商，一个客户一个客户地开发。为了让客户相信我们，我们必须把种植基地公开，把工厂车间公开，拉人来看，一个消费者一个消费者地说服和争取。我们首先从熟人开始，如果熟人都不相信我们，陌生人更难！我们只能用这种最原始、成本最高的营销方法，一点点建立外界对我们产品的认知。”于是，大三湘开始走会员制的销售路线。

第一批会员从哪儿来？

老板必须是孙悟空，必须能干最难的活！否则，任何坎都会让企业翻车。每当周素琴从广州拉来客户，周新平就会亲自上阵介绍大三湘。不仅如此，他开始向他身边的企业家朋友推销大三湘茶油。他主动参加各种企业家的活动，在活动上讲自己创业的经历，讲他知道的那些农村留守老人的困苦、中年人不回家、孩子没人管的农村，讲他的茶油。第一批会员，很多人对大三湘一无所知，甚至对茶油都一无所知，只不过是听周新平真情流露的讲演，给个面子就买了。

“平均一场能卖几十张会员卡。”周新平笑着说。这便是大三湘最早一批会员的来历。我们在大三湘办公楼的展板上，能看见早期会员的介绍，其中有袁隆平、牛根生等大名鼎鼎的人物。

周新平成了大三湘最好的销售员。

周新平“疯”了

茶油的背后

试了几个月，销售数据一出来，大家又傻眼了。按每个会员卡 2000 元的定价根本不赚钱，因为销售成本太高。于是，周新平决定把入会标准提到 10000 元。他把这个想法告诉大家时，立即遭到周素琴以及所有销售人员的反对，他们都认为周新平“疯”了！这不可能，谁能经常吃那么贵的油。每家每年吃油就要 10000 元？！

当时大三湘还有 3 家直营店，销售人员接触的只是来直营店的客户，逛店的大都是退休的人和带小孩儿的主妇。2000 元的油卡对他们来说已经比较贵了，怎么可能向他们卖 10000 元的油？

周新平的视角不同，他有很多做企业的朋友，直觉告诉他，10000 元吃一年健康的油，这个阶层应该能接受。周新平给销售人员算了一笔账，根据营养学家建议，每人每天食用油不应超过 25 克，一个月也就是 750 克，即 1 斤半油，一年 18 斤 / 人。很多高收入家庭在家吃饭较少，平均也就每月 1 斤 / 人，一年 12 斤 / 人。10000 元钱 78 斤油，差不多是 6 人一年的量，也就是说，除了自己小家庭吃茶油，还包括了孝敬父母的。这样算下来，每人每年花在茶油上的钱也就 1000 多元，每天 5 ~ 6 元。这对富裕的家庭来说，根本不是吃不吃得起的问题，而是对茶油和对健康的认知问题！可以把茶油的目标客户群锁定在年收入 20 万元以上的家庭，这样的家庭在广州至少有十几万家。这样一算，大家有些相信了。于是，大三湘关掉了直营店，只做一对一的销售。

其实，所有人都明白大三湘的高端茶油必须卖给高端人群的道理，但战略从来都是知易行难。1% 的战略设计，需要 99% 的执行。最初几个月，这么大的广州，整个销售团队一个月也就卖 2 ~ 3 张会员卡。

面对积压的库存和需要不断输血的茶山，周新平急了，干脆卖会员卡，送大三湘股份认购权！虽然现在大三湘还在亏损，可未来大三湘如果上市，股份认购权就是真金白银！

周新平真的是让市场逼“疯”了！

“可是当时大三湘能否上市是没谱的事儿，股份能有吸引力吗？”我们问周素琴。

“有的！这条政策出来后，好卖多了。很多人，尤其是懂得投资的人，看好大三湘未来的前景。”周素琴说。

我们又问周素琴：“是不是有些人不完全因为茶油买的会员卡？”

“确实不完全是。”周素琴说得很诚恳，“当时我们做了一个 PPT，把产品、情怀、股份和大三湘的整个事业讲给客户听，有

1/3 的人是冲股份来的，还有 1/3 是因为我们的产品好，剩下 1/3 是因为我们的情怀和给面子的朋友。”

“疯”了的周新平不仅对会员使出了狠招，对销售队伍的刺激也让人疯狂。周新平给出 15% 的销售提成——卖出 10000 元，销售人员能拿到 1500 元的奖励。这意味着公司没有利润！不仅如此，对公司全员使用同样的激励政策。一时间，无论是行政，还是扫地阿姨，都来介绍亲戚朋友加入。一下子，市场打开了。

“那段时间，我们的销售人员像着魔一样疯狂。不管走到哪里，包里都放一台 POS 机、一叠收据和一摞入会申请，见人聊天就能聊到投资上，聊到投资就讲到茶油；然后，就说服有兴趣的人入会。”周素琴提起那段销售经历，依然非常兴奋。她说：“我理解我的团队，这绝不是仅仅为那 1500 元的佣金。我们憋了三年多，找不到任何方法突破。现在，坚冰终于打开了。”

看来，任何人需要的都不仅仅是金钱。

按照逻辑，如果大三湘的油不好，或者不值这个钱，大三湘的生意就不会好；大三湘的生意不好，它的股份就不值钱。然而，最初的会员中，真就有一部分不完全看好这个油，但却认为大三湘将来能上市才买会员卡的人。看来人真不是纯理性的动物，市场也不是讲逻辑的地方。

就这样，2013 年大三湘全年销售额达到 6975 万元，是 2012 年的 2.5 倍。大三湘终于不再亏损。

我们问周新平，如果大三湘上不了市，或者破产了，你怎么向这些会员交代？

周新平说："他们起码吃到了我的好油，我相信大三湘肯定会成功。再说，我们也没有额外收钱。实际上股份政策只是为了打破销售坚冰的短期措施，因为我们必须有一批原始客户，他们吃了我们的油，了解我们的事业才会传播。其他，我没想，也想不了那么多。"

看来，**瞻前顾后的人当不了企业家。**

2014 年，大三湘取消了这项优惠政策。"直到现在，仍然会有人问，什么时候大三湘还送我们认股权啊？"周素琴笑着说，"我们肯定不会再这么做了，我们也不需要再这么做了。"据统计，大三湘茶油的会员续费率在 90% 以上。周素琴说："油的质量好，只要撬开嘴，客户最后的关注点就不是股份，而是茶油本身。"

2015 年，大三湘的营业收入为 8115 万元，营业净利润为

986 万元。

看到这个结果，周新平应该笑了。可是，我们怎么总觉得周新平的笑是苦笑。

可能大三湘今天的这个结果，实在来之不易。就像真正的军人回忆战争时，没有一个战胜者会欣喜若狂。为什么？因为战争的胜利都是惨胜，代价太大了。

周新平的代价也太大了。而且，这场仗还远远没打完。

中国女人是世界上最强的娘子军

没来过衡阳，却听过衡阳的田华，一到了衡阳竟喜欢上这个地方。“当时周总在生态园的水边上，分给我一个小房子。每天早上，太阳从湖面升起，波光粼粼的，每次我都要陶醉一会儿。”

田华本来想惬意地在水边住“一辈子”，不曾想一来就被派到上海监督质量。上海那边刚稳定，周新平又调她回衡阳负责筹建工厂。2010 年，大三湘所在的工业园还是一片荒地，田华来时，周围连吃饭的地方都没有。

由于对环境不熟，周新平找到当地政府，希望能介绍一个工程队建工厂。政府推荐了一个村干部的公司。为了确保万无一失，大三湘又从北京请了一家竞标公司，组织了 10 多家竞标。这个村干部把价钱压到最低，大三湘看他的价格低，资质也够，就把标给他了。可是，周新平怎么也没想到，这个人竟然如此的无法无天，是当地的地头蛇！

“第一天，不好的迹象就表现出来了。”田华回忆道。这个工程，除了建厂之外，还有很多其他辅助工程，比如铺管道、布电线等，通常这些小工程需要其他专业公司合作完成。大三湘只把大工程给了村干部，小工程找了其他的工程队。但是，这个地头蛇就是不给其他人做项目。“开着铲车，就要去铲人家！他想把所有的项目都揽过去，然后再转包。我们才知道这人不是善茬儿。”

有个铺设管线的小工程，田华已经同福建一个公司签好合同。但是，地头蛇就是不让人家进来施工。福建老板带着儿子进到工地，没说两句就打了起来。这两个人在人家的地盘，哪里打得过？！连滚带爬跑到田华的办公室。田华一开门，吓坏了，这爷俩儿身上都是血。他们一进来，门还没关，田华就听到有人追来了。她赶紧把门关上，跟他们说：“你们俩别出声，先躲起来。”田华刚把他们藏到最里面的卧室，外面就有人敲门。田华嘱咐道：“你们死都不要出来！我死都不会说见过你们。”

田华后来知道，敲门的是那个地头蛇找来的人。

“田姐，人在哪里？”门一开，那个人就把脑袋探进来问。

田华从门缝里看，这个人身后还跟着一群，胳膊和身上都是纹身，个个手拿铁棍。

“什么人啊？”田华茫然地问道。

那个人压低了声音，凑到田华跟前，一字一顿地说：“如果我在这儿找到了，就铲平你的办公室！”

“出什么事了？你们找什么人？”

“那你让我找一下。”

“可以啊！”田华把身子让开，示意他进来。

那人一看田华是这个态度，打开一间房门看看没有，说：“反正跑也跑不远！”放完狠话就走了。

田华听他们脚步远了，马上回到卧室，叫那两个福建人赶紧跑。谁想到那两个挨揍的也不是善茬儿，他们正在打电话叫人来。田华想拦都拦不住。没过一会儿，办公楼下黑压压的，聚了七八十号人，挤得满满的，每人手里拿着编织袋包着的武器，有长有短。

报警！田华拨通了电话，警察问：“开打了没有？”田华说：“马上就要打，快来呀！”

在等待警察到来的期间。眼看着两边已经吵得鼻子都快要碰到对方的鼻子了，稍微谁一碰到谁，可能就是一场混战。

“那个时候，我是真无助啊！”田华说。可能正是这种无助激发了田华的勇气。这位职场女性竟然直接跑下楼，站到两拨人中间。大三湘的其他员工也要跟着一起下去拉架。“我没让其他员工来，尤其不能让男员工来，我跟他们说，你们男的不要来，一般人不会对女的怎么样。没办法，我是真怕出事儿。现在想起来，也真是胆大。”田华笑着回忆说，“我具体讲什么也忘记了，反正就是说了一堆好听的，劝大家和气生财，工程是做不完的。”

一场干戈就在女性四两拨千斤的力道下暂时无形中化解了，中国女人是真强！

做农业必须有一颗坚强的心

茶油的背后

两边都是为钱，都不想出大事。双方都说看田华的面子，另约时间谈判，就撤了。

第二天，两边在工地的一间房子里进行了谈判。田华说："他们一定要我去当中间人。到了约定的时间，我一看房子外面两边摆满了1米多长的铁棍。都是现做的，断口白花花的，他们是用砂轮机把工地的管子割断，摆了一排，但其实就是吓唬人。一米长的棍子，挥起来也不方便啊！"

中国女人呀，算是把中国男人看透了。

田华一进房间，双方已经坐好，两个老大一人一边，后面各站着一堆五大三粗的大块头男人。田华心一横，坐在了两人当中，和两位老大说："你们今天要是好好谈，老姐姐就给你们当个中间人。你们要是闹，我就不管了。"双方表示愿意。

"心里真害怕，他们谈的时候我就坐在最里面离门最远的位置，房间只有一个小门，里面站满了人，外面还有一帮。万一打起来，我肯定跑不出去。"

田华一面向福建的工程队保证，让他们把这点工程做完；另一面劝说当地的地头蛇："这样的工程不是你们的强项，你要是真想干，把能做这样工程的人找来，我跟他们谈，谈成算你的工程。但你必须保证工程的质量，别搞出事故来！”好在那天，双方还都讲道理，又都说是冲着田华的面子，算是谈妥了。

“不止这一件事，这个地头蛇中间还来来回回闹过很多次！你看工厂现在的围墙做得很简单且粗糙，原来设计根本不是这样子！他把工程一拿到，说是给你优化设计，其实就是偷工减料。一天到晚就为这个闹事，我们只好把围墙给他做了，还有排水工程也给他做了。不仅如此，最开始合同里写得很清楚，乙方是带资来建，工程也是分阶段付款。可是他不管那一套，只要没钱就来要。每次他拿结算单来，你不能改，也不能审，他要 100 万元，就得给他 100 万元，实际上只做了 50 万元的事儿。整个儿是个赖皮，把我们气得要死。我们就想等他把工厂工程搞完，赶快结束。我们再建办公楼，就跟他没关系了。”

但这地头蛇早知道大三湘要盖办公楼，又来争这个项目。“办公楼是古建，他不懂，我们没给他，他就一天到晚闹。跑到我的办公室，拿着一米来长的刀子拍到桌子上！”田华讲到这儿，笑了笑，“我那时候也挺小气的，老担心电脑被他搞坏。他一来，我就把电脑藏进抽屉里。”

这期间，周新平赶回来几次，特意请这个地头蛇吃饭。“餐桌上，周总与那地头蛇称兄道弟的，我看着真不是滋味。周总在美国公司工作时，满口英文，温文尔雅。周总知道我难受，后来再和他谈，就不让我跟着了。”田华说起这件事情，依然很激动。

“当时工厂早该建好了，我们按计划已经把设备运来，他就是不给厂房装门。怕人偷啊，我们只得24小时守着这些机器。从冬天守到第二年的夏天，冬天晚上冻得发抖，夏天又差点被蚊子咬死。那一带有些坟墓，过来烧纸的人多。守设备的都是大学刚毕业的小年轻，他们经常做噩梦。”

但是不管周新平和田华怎么说，只要不答应给他办公楼的项目，地头蛇就不给工程收尾。他甚至放下狠话，“你包给别的工程队，看看他们敢不敢做！”当田华选好承包单位，定下了开工的日子，地头蛇不停地给她发短信、打电话，直到奠基前一天还在威胁田华：“我要开压路机把你们的房子推掉！要喊几百个农民把你们的门口堵掉！咱们谁都别想干！”当天地头蛇还真的带着一帮人把挖掘机开到厂区里了。

为了这事，周新平几次找到当地领导。但都是口头安慰，没有实际措施，还有人说“这属于经济纠纷”，让周新平自己处理。

周新平又没退路了。

人没退路时，才知道自己的潜能。周新平说："不能让他再欺负我们，否则做不下去了。必须豁出去，大不了不干了，也要出这口气！"周新平跟承包办公楼的单位讲，"你去找两车人来，我每人发1000元，要是真打，看我号令。打完了，我再跟他去政府讲理！"

那时候，周新平也提前报了警。等到办公楼开工奠基的当天，周新平拉来的两卡车人就停在路边，几个警察也在工厂周围巡逻。当地建楼要杀鸡拜土地神。仪式上，那些拜神的人嘟囔着一串谁都听不懂的话，不时地向天上地上洒点酒。十几米外，那地头蛇带着二三十人在工厂门前一直走来走去。

"人家奠基都很高兴，我是提心吊胆的。"周新平紧盯着门口，给那个施工单位的人说："只要他们过来，就照腿打，打断了，我负责送医院！"等到仪式结束，鞭炮也放过了，地头蛇才一个人走进来。

周新平看到他，一改往日的和善，脸气白了，拍着桌子说："你要是再惹事，我就把你埋在这里！"地头蛇看周新平真要动手，赶紧打电话报案。政府来人调查，虽然也知道是恶人先告状，但还是把周新平拉到派出所，做了笔录。

周新平说："我事先电话都打到县长那里去了，县长指定了一个政法委书记，说让他来协调，不知何故，那天就是没人来。”周新平沉思了一会儿，又说，“地痞流氓是可恨，但也就那几个人。政府我们也理解，怕弄成集体事件，也不好过多干预。所以，在中国干农业要有颗坚强的心，要顶得住委屈，虽然你是在做好事。”

不过，从那以后，再也没有地痞无赖找过大三湘的麻烦。

写到此，我们要给读者第八个实用的建议：如果你没有周新平和田华那样坚强的心，还是干点别的吧！

令人苦恼的小偷小摸

个别农民喜欢占小便宜。不信到农村看看：不仅果树结果要有人看着，鱼塘要有人守着，散养的鸡鸭也要防窃，新盖的房子都安着防盗窗。农村没多少人，防谁？左邻右舍？城里有碰瓷的，农村更有。不信你撞死一只鸡试试！

个别农民并不像媒体描写的那样憨厚老实、吃苦耐劳。

我们案例组都是城里出生长大的人。研究大三湘案例对我们最大的震撼不是这个案例本身，而是我们脑袋里的农民印象被颠覆了。在研究大三湘的一年里，这个问题不断地冲击着我们。

一个社会的礼教传递只有两个渠道，一是家里长辈言传身教，二是“上等人”用行动传递给“下等人”。中国谁是“上等人”？这是理论界不能说也说不清的事。但农民知道，城里人就是“上等人”。60 多年的户籍制度[㊀]让城里人有了基本的生活、就业、看病、养老的保证。

㊀ 中国户籍制度是对公民实施的以户为单位的户籍人口管理政策。户籍表明了自然人在本地生活的合法性。中国户籍制度的特点是，根据地域和家庭成员关系将户籍属性划分为农业户口和非农业户口。这种做法在中华人民共和国成立初期曾起到积极作用，但随着城乡交流日益广泛，这种城乡二元户籍制度在城市和农村之间竖起了一堵高墙。在市场经济高速发展和社会生活民主化的今天，现行户籍制度已经引起了越来越多的争议与指责。1950 年 8 月 12 日，公安系统在内部颁发了《特种人口管理暂行办法（草案）》，正式开始了对重点人口的管理工作，这是中华人民共和国户籍制度的起点。

“上等人”都没有做到忠厚老实、吃苦耐劳，凭什么“下等人”就能做到？所以，城里人身上有什么毛病，乡下人也有，而且还可能放大！

为什么可能放大？因为经济基础决定上层建筑。人穷志短，马瘦毛长。干活儿偷点懒，少干就是多赚嘛；顺手拿根别人地里的葱，晚上偷着在别人鱼塘下一网，秋天摘一点别人家的茶籽，特别是那些大企业的茶籽——大企业有的是钱。

不要以为周新平的“发心”是好的，农民就不偷大三湘的茶籽。

特别是知道一个人心好，需要时间和事件。

一般农业投资者，当80000棵树苗死了79800棵时，或者没钱了，或者觉得太难，大多会选择放弃，走回向农民收茶籽的老路。于是，尽管最初是好心，但在农民眼中就成了骗子。因为你对土地的承包至少几十年，剩下的土地租金找谁要？更关键的是，你可能还拿了政府的补贴！

哭了三天的周新平没放弃，找来钱继续做。于是，农民发现大三湘真的不一样。慢慢地，经过一点一滴各种对当地茶农带来好处的事实呈现，到后来，农民给大三湘起了个值得骄傲的外号——“三不欠公司”——一不欠租金，二不欠工程款，三不欠农户管理费。从开始的不愿意租给大三湘到第三年主动来找大三湘租地，有的农民甚至把已经跟其他公司签约的土地解除合同，一定要租给大三湘，以至于大三湘本来只准备种植5000亩示范基地，不得不突破规模到30000亩。

这个外号让周新平骄傲，但却发人深省，难道大多数农业公司成了“三都欠公司”？

在此，请读者跟我们一起思考：为什么大多数公司欠账？

大三湘“投入太大了”。平安村书记周法文告诉我们，“我们是农村的，懂得农事，大三湘的做法符合做农业的要求。”在大三湘刚刚修整土地的时候，周法文就看到了不同。“以前没有见过花这么大力气的，一般公司最多搞几百亩。但是大三湘在常宁基地第一年就把4 000亩荒山平整完，好多台挖掘机一年到头在山上。付钱全部是几百万元几百万元地付。投资农业是要很大资金的，我们一看，这应该不是骗钱的，是干实事的。所以，大家做事也就越来越认真，大三湘说话我们也愿意相信。”

然而，农民不会因为大三湘是“三不欠公司”就不偷大三湘的茶籽。

大三湘的每片茶山都请当地有威望的村干部做管理员，协助处理与农民的关系。“董事长发了工资给我，我是管理人员，就要负责。”现在平安村有 7 个组长和 5 个村干部协助大三湘管理。茶籽成熟的时候，每天村里都有人在茶山交界的地方巡查。“镇政府和公司派专车在村里宣传，告诉农民茶籽不能提前摘，因为油量少，摘了也没用，还浪费了茶籽。”周法文告诉我们，虽然老百姓都明白这些道理，但仍不免有少部分人贪小钱。为此，大三湘在寒露前 20 天开始，会组织巡逻队巡山。周法文这个曾在外打过工、见多识广的村支书甚至建议在油茶籽成熟期间，用无人驾驶飞机巡逻，防止有人擅自上山。

之前，太和堂基地的黄书记抓到一个偷茶籽的村民。这是个孤寡老人，73 岁，被抓了反而倒打一耙：“你们大三湘有这么多钱资助学生，怎么不管我啊？我没饭吃了。”

我们问黄书记：“对这种不讲理的人怎么办呢？”

黄书记说：“不管什么情况，都不能和他对着干。我跟他讲，咱们这个村，一共 6 个孤寡老人，给你了，能不给别人吗？他跟我说，他比他们更苦！我说，那别人也比你勤劳一点。你为什么不喂点鸡，多生点蛋？我找大三湘帮你卖。你看，这样行不行？”今年，这个老人拿着鸡蛋找黄书记。大三湘每年组织茶花节，城里来人很多，真帮他把鸡蛋卖掉了。

我们在调查农民偷茶籽的事情时，发现一个有意思的现象：村长和支书对本村农民偷茶籽似乎都不能理直气壮地管。周法文是我们在案例调研中遇到的最有魄力、责任心最强的支书，他的村子也是大三湘种茶树最受惠的村子。收茶籽时，他从早到晚守在山头，看到有人偷茶籽，他会打电话通知大三湘的员工去处理。但作为支书，而且是全村党员选出的支书，也是接受大三湘正式委托的管护人员，他却不能理直气壮地直接处理本村农民偷茶籽的问题。

在此，我们想给读者第九个实用的建议：什么是中国农村的情理法？情，是当地管理者不能制止亲戚和熟人对外人的小偷小摸；理，是因为他太穷了；法，就是法不责众。

什么是当代农民

什么是当代农民？出生在农村的就算农民？还是没有城市户口的就算农民？或者至今还在农村干农活儿的人算农民？这恐怕是个中国社会学教授也说不清的问题。

但是，如果像大三湘这样到农村做农业，你一下子就会知道什么是农民，更会知道今天农民的问题是什么。

知识水平低，眼界窄，不守纪律，这些个别传统农民身上的毛病不说，就说种地，**目前有多少农民能背下来“水、肥、土、种、密、保、管、工”这些最基本的农业生产常识？有多少还知道二十四节气？**

应该是少数，甚至是极少数。

农民不会因为大三湘是搞事业的，素质就一下子提高起来。上文我们说到中国油茶树的农脉断了，是从文献档案的角度。在我们同农民座谈时发现，即使在人民公社集体种植管理油茶树时，也不曾有给油茶树剪枝的记忆。“最多是用砍刀，砍一砍树干底下的偏茬。”几位在人民公社时代管过油茶树的农民告诉我们。这个事实说明，油茶树种植技术在民间也断了，或者从来就没有过。

因此，大三湘必须从育苗开始重新培训农民种植和管理油茶树。树的生长期不同，管理方式也不同。教会一个人从明白油茶树要剪枝和到会剪枝，需要时间。刚开始，大三湘把剪枝工作包给林业局的一个负责人，这个人的老婆之前搞过水果剪枝，对技术比较在行。“第一天，我去看，他们一共三个人，剪得确实不错，请他们继续做。过了两天，我再去，发现十多个人一起在剪，剪得一塌糊涂。原来这个人从别的地方请来些农民，简单讲了讲，就开剪。”大三湘常宁基地主管周爱平告诉我们。

因为剪得不好，周爱平不满意。当地农民也提意见，“我们可以参加剪枝培训啊，如果没剪好，你不要我剪就算了。可是，你连试都没试就不要我做！”周爱平不让当地农民尝试剪枝，并非偏见。因为前几年给油茶树施肥除草，大三湘吃了苦头，发现有些农民经常偷懒。他怕忽悠惯的人，再干实事不容易。不仅如此，愿意干农活的人，年龄都太大了。

我们调查的 4 个村子，60 岁以下的劳力，2/3 都出去打工了。

没有现成合格的劳动力可用，大三湘只得提出了培养新型农民的战略计划。可是这个战略计划的招工标准让人唏嘘。

招工标准：“第一，年龄不能超过 65 岁；第二，要识字；第三，不要有手艺和做过生意的。”我们问周爱平：“前两个标准好理解。第三个为什么？”他说：“在外面打过工和做过生意的人都学滑了，不好管。”

难道农民道德水平的低下是跟城里人学的？！

管理油茶树不仅需要技术，更需要体力。油茶树每年都需要定时锄草、剪枝和翻土，这些活都是手工。我们问平安村管理 100 亩油茶林的 70 岁王老伯，铲一遍草需要多少时间。他说，要一个月，雨季草长得快，尾巴刚铲完，头上的草又要铲了。不过，干惯农活的王老伯似乎对锄草、翻土这样枯燥繁重的活没什么抱怨。不仅如此，他对能承包大三湘 100 亩油茶林，每年能让他多挣 15000 元感到很满足，因为这使得他能帮着儿子在本来已经很大的三层楼旁再起一座楼。

每当我们采访完农民返回城市时，看到夜幕下在广场翩翩起舞的城市老年人，总会想到“命运”二字。

在中国，在哪儿出生，就是命。

60 岁农民学剪枝，是命；60 岁城里人学跳舞，也是命。

大三湘茶油战略的基石之一，是要吸引越来越多不认命、在外打工的农民回到家乡，按大三湘的方法种植和管理油茶树。

大三湘能给农民的希望是什么？我们设想了一个情景：王老

伯儿子回家吃年夜饭时，老伯端起酒杯说："儿子，你回来种油茶树吧。你看，我在家挣的一点都不比你在城里少！"

这个希望能实现吗？它取决于中国富起来的人能否接受大三湘这种高品质、高价格的茶油。

在此，我们想给读者第十个实用的建议：决定投资农业前，一定要想清楚去哪儿和怎么找那么多既懂技术又年富力强的中国农民。

贫穷从哪里来

茶油的背后

我们同周新平讨论过很多次如何管理农民的问题。每次周新平都说：“我到现在都不知道怎么管农民，只是发自内心想帮帮农民。我之前也不是一下子就有这个追求的。钱赔光了和太和堂800亩油茶树几乎死绝后，我才意识到这个事情对社会的意义。**我相信是老天派我来做这个事情的。这件事要是做好了，我这辈子不白活。如果说我有私心的话，这就是我的私心。**其他企业处理不好和农民的关系，可能是我们的发心不一样。我做茶油是要先为农民争取利益，每一个决策都要先考虑农民能不能增加收入。”

如果不是写这个案例，我们永远不会知道，在湖南省这个中国经济不算最落后的省，在距离省会长沙350千米的太和堂镇桃源村，居然还有人家直到2014年才用上电，原因是交不上800元的电表费和安装费。这就是上文提到的养着三个女儿的单亲母亲的家。“这三个女儿都很孝顺，功课也非常好。”田华说，“我们第一次在学校见到小女儿时是夏天，老师请我们吃西瓜，也让小姑娘一起吃。她拿起一块，咬了一小口就不再吃了。我们本以为她不好意思，没想到等我们跟着她回家，她把西瓜带给她妈妈吃。我们没有一个眼圈不红的。”

“她们家没有家具，一根绳子从屋子的这边拉到那边，所有衣服都挂在上边。乱糟糟的家，只有墙上的奖状干干净净、整整齐齐。那一瞬间，我们什么都不想说了，就是想怎么帮助她们。”

大三湘首先帮助这三个孩子解决了上学和生活问题，后来又把摇摇欲坠的房子重新修葺。大三湘出钱把电表装上以后，三个女儿看书才告别了烛光。“再之后，我们想把厕所修整一下，这位妈妈却不肯。她想把钱省下来给大女儿读高中用。”大女儿学习非常好，但是因为国家只有九年义务教育，高中要学费了，交不起就只能辍学。这个大女儿就在家里哭。学校的老师说，学习这么好，不读高中可惜了。田华听了这个情况，赶紧向妈妈表态，“这三个女儿，只要能读书，大三湘就资助。但是家里条件太差，三个孩子也读不好书。”这样一番劝解，妈妈才同意修缮了一下厕所。

看到这个家庭，我们才明白，周新平说“我到现在都不知道怎么管农民”，不是矫情，是真的内心感慨。面对这样的人，你说应该怎么管？！

像这样的贫困家庭，桃源村有 20 多户。“国家的低保和老保无法保障这么多贫困户。所以，我们要感谢周董事长啊！”黄书记说。

湖南省祁东县农村最低生活保障标准是 165 元 / 月。也就是说，如果一家农民每人每月收入 100 元，政府应给每人补 65 元，补足至当地的最低生活标准——165 元。

但如果有成年子女，即使子女从不补贴父母生活，这样的家庭哪怕没有一分钱的收入，也不能获得国家低保补助。

对农民来说，养儿其实未必防老，必须养孝顺的儿子，而且孝顺的儿子还要能赚钱才能防老。

从 2011 年开始，中国农民也有老保了。在湖南省祁东县，农民到了 60 岁，不分男女，每人每月可以从政府领 55 元老保金。根据中国现在的物价水平，一个人每月只有 55 元收入是没法活的。因此，超过 60 岁的农民还必须工作。

什么是留在农村 60 岁以上人的工作？种地；养鸡，养鸭，养猪；打零工。

扶贫先扶志

茶油的背后

大三湘 2008 年进入太和堂小桃村，小桃村人均收入从 2008 年的 1300 元增长到 2015 年的 2100 元。仅大三湘承包 1380 亩茶山一项，就为这个 680 人的村子增加了 20 多万元的收入。

李老汉家虽然每人每月收入低于 100 元，但不算低保户。因为他还有一个小儿子在外打工，虽然从不寄钱回来。李老汉的大儿子车祸去世后，儿媳妇改嫁走了，扔给他和老伴一对未成年的孙子、孙女。由于孙子、孙女的母亲还在，这俩孩子也不算孤儿，拿不到国家的孤儿补助，因此，李老汉和老伴只能独立抚养这两个孩子。大三湘来了以后，李老汉管了 210 亩油茶林，每年收入 16200 元。李厚芳老人 2011 ~ 2014 年的承包地是 107 亩，2014 ~ 2016 年增加了 163 亩，目前实际李厚芳老人承包的油茶山面积为 210 亩，管理费为 31000 元左右。

李老汉说："我一个 66 岁的人，管 210 亩油茶林！在我们村，我是第二名！还有一个管 120 亩，但是他比我年轻！上个星期下茶籽，我一天可以摘 1000 多斤茶果，每斤采摘费 4 毛钱，这样我又有 400 多元钱的收入，而且，当天就能拿到现金。"

李老汉说："大三湘来之前，这一片都是荒山。因为是坟山，上坟不小心就容易起火烧山，政府不管，老百姓也不管。时间长了，全都荒了。"

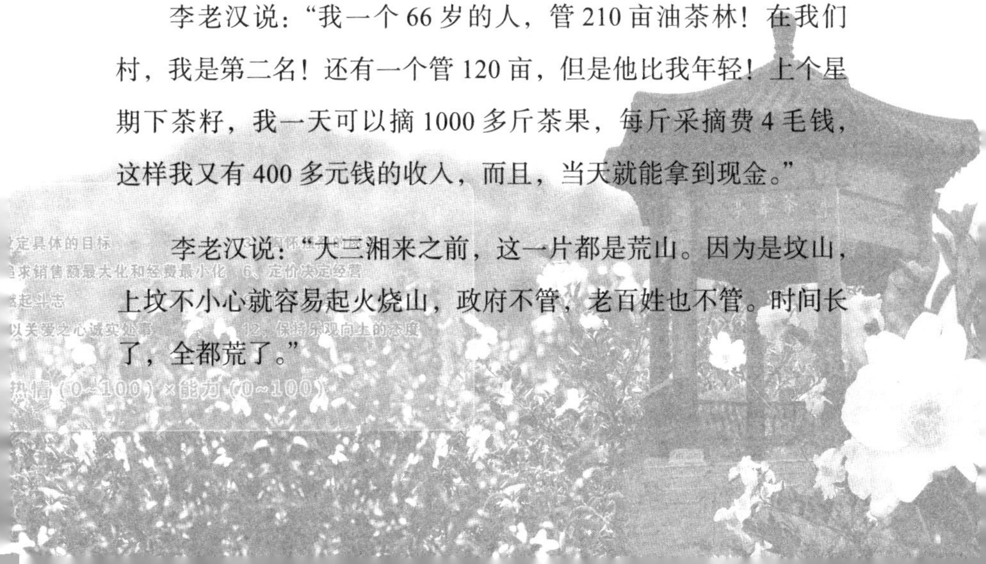

不仅山荒，还没有路。“外面的人进不来，里面的人出不去，穷苦得很。”李老汉的孙子叫剑剑，他说：“剑剑的妈妈改嫁把孩子留给我们，我们不怪她，她还年轻，这里太穷。可是，她出去后再也没回来看过孩子。大三湘真是关心我们这些老百姓！”他指着自己门口通往镇上的路说，“是大三湘带头把这条路修起来的，这是我们最感激的。这条路有 10 多里[㊀]，靠我们自己根本修不起。”

李老汉说大三湘比政府还好，不是夸张。在管理大三湘油茶树前，李老汉家的收入一共三笔：第一笔，他家有两亩田，政府每年每亩补贴 200 元，共计 400 元；第二笔，他和老伴都超过 60 岁，能从政府领取每人每月 55 元养老金，每年共计 1320 元；第三笔，两亩水田，收稻谷 2000 斤，扣除自己吃以及种子和化肥钱，每亩收入 350 元，共计 700 元。三笔收入总计 2432 元。

李老汉一家的开销，仅剑剑和姐姐读书，每个学期伙食费和各项杂费每人 2100 元，一年两人就要 8400 元。显然，没有管理大三湘油茶树的 10000 多元，李老汉的孙子和孙女就得辍学。

是大三湘的收入，让李老汉站起来了。

他告诉我们，现在每天都安排得很满，管理油茶树不是拿

㊀ 1 里 =500 米。

起锄头去看看这么简单，要上山养护油茶树，还要参加公司的培训，要做作业，公司技术员还要检查作业。每次上课，先听技术人员讲基础知识和常识，然后再到山里动手操作。他说每次培训，公司还会发 50 元红包。我们问他，培训能不能听懂。他说，课堂上讲的不完全懂，要到茶山实际动手操作才行。他说，他是村里 18 个管护员中最好的，前年评比第一名，去年是第二名。

大三湘的油茶树让李老汉重新站起来，有了人生希望。66 岁的人本应该颐养天年，但命运让他必须抚养孙辈们。在这个山村，在大三湘种油茶树之前，这显然是无法完成的使命。他唯一能做的是等待被扶贫。而现在，只要天有点旱，不等公司安排浇水，他自己一大早就会挑水上山。

上帝赋予了中国人最能忍受苦难、最顽强、最自立和最灵活的品德。中国人是水，不论怎么挡，也要流向海。在海外，华人吃政府救济的人数，一定低于平均水平；华人的教育水平和收入水平一定高于平均水平。

油茶树能活几百年，是真正“前人种树，后人乘凉”的经济作物。我们问：“你干不动了，这片林子交给谁？”李老汉看一眼才 12 岁的孙子剑剑，眼神突然变得柔软，说：“到那时，树长大了，他要愿意就可以继续干。”

大三湘做的不是扶贫。贫，靠别人扶，是扶不起来的！这就是为什么发达国家领救济金的人再就业的比例远远低于没领过救济金的人群。**靠救济为生，人的尊严感低。人要脸，树要皮。脸没了，心里的火就灭了。**

一位不愿意透露姓名的管农业的官员跟我们说：“中国每年的农业扶贫和补助的资金很多，经过层层分配后才能到最下面，就像水倒进烤热的沙漠，浪费太多了。说实在的，我们政府不可能有大三湘这样的管理机制、效率和力度，把投入农业的钱，真正花到点上。”

我们问：“什么是点？”

他说：“**土地修复，种子改良，农业管理，农民的技术素质提高。没有这些点，中国农业的产量和农产品的质量怎么可能提高？**这么多年了，有些村子越扶越贫。有些人拿到扶贫款，第一件事是买酒，第二件事是赌。你说醉成那样，能赌赢吗？”

我们有些不相信：“中国人，特别是中国农民，不都是勤劳节俭的吗？”

“不是了，现在变了，这叫‘与时俱进’。”

难道这些拿扶贫款的人跟李老汉不是一样的人，还是这些人看不到希望？大三湘公司也做过一些纯扶贫的工作。刚开始大家积极性很高，但做着做着，有些事情让他们困惑了。比如，一些被扶过的人，家里电视坏了，房子漏水了，都会给大三湘打电话。

扶贫扶出了懒人，谁之过？

周新平的社会试验

茶油的背后

到现在，大三湘与2600多户农民签订了3万亩土地流转承包合同，又直接雇用300多户农民来管理这些油茶林。与此同时，大三湘还与118个村子的10000多户农民，签订了30万亩有机油茶林基地的合作协议。根据协议，这些村子必须在大三湘的指导下，按照有机油茶林的方法组织管理老油茶树，每年大三湘公司按比当年市场价每斤高0.2元的价钱收购茶籽。

为了让会员了解茶油生产过程，大三湘除了每年举办茶花节，还经常组织会员来茶山参观。人来了要吃饭，平安村是大三湘茶山的中心产区，这个从来没有饭馆的村子，现在居然出现了三家农家乐。城市人来了还要买土鸡、土鸭，又刺激了平安村的养殖业。农民开始在茶山养鸡，飞来飞去遍地捉虫。他们给这种鸡取名——茶山飞鸡。

周新平说："我们代大三湘会员预订农民的鸡，不论斤卖，只论只。这样农民就不会喂激素饲料，保证是散养的土鸡。"——从这个细节我们可以稍稍知道一点如何管理农民的问题。最近，大三湘种植核心区平安村有一些外出的村民回来了。他们回来并不是直接参与油茶树的种植，而是因为村里经济活动多了——盖房子、农家饭馆、养鸡……**经济是个奇妙的东西，一个地方只要有钱进来，人就会跟着来。**

一次大三湘组织活动时，一个自发帮忙的农村妇女出了意外，从三轮车上摔下来，死了。儿子从外地回来奔丧，要把母亲的尸体抬到大三湘公司讨说法。村干部和亲叔叔给拦下了，说："别的公司，我们会跟你一起闹。大三湘就别闹了，这家公司要是走了，咱们这个村就没希望了。"

大三湘从2008年投资茶油行业，到现在总投入现金2.16亿元，2015年营业收入8115万元，盈利986万元，纳税910万元，这是周新平做大三湘8年来第一次赚到钱！

可是，8年算总账还是亏损，即使加上近2000万元的国家补贴，还是亏！

按照投资回报的标准，这远不是一份满意的财务结果。请大家扪心自问，如果8年前，知道这个财务结果，你愿意投吗？

其实，这也不是周新平事先预料的，更不是他愿意看到的结果。但这个财务结果能让周新平长出一口气，终于赚钱了。赚钱意味着大三湘的茶油得到了市场认可。重要的是，赚钱意味着大三湘成了一个造血机器，这让周新平帮助农民和改变农村的使命有了可持续性。

案例写到此，我们觉得**周新平已经不是在做生意，他是在做**

一个社会试验，他是在用大三湘的商业操作支持一个改变农村的试验。

在这一年的案例研究过程中，我们能看到大三湘的员工对能帮助农民改变生活的喜悦和骄傲。同时，我们也能看到他们不时露出的迷茫和无助。即使大三湘做了这么多，站在祁东县太和堂的山头，我们还是感到这片土地的悲凉。我们看到一栋栋新房突兀地立在那里，却没有人居住，它们属于本应该生活在村子里的年轻人，然而他们却被城市吸走了，结婚时回到老家，盖了一栋新房，住不到一个礼拜又回去了。只有老人和孩子还孤守着这片乡土。我们看到有的学校，学生宿舍连整块玻璃都没有，床板的木头已经腐朽；我们看到留守的老人倚在破败的房屋前发呆，他们辛苦了一辈子，抚养了几个子女，在本应颐养天年的时候却独守孤苦……

周新平的大三湘可以解决这些吗？我们带着太多的问题来到了一个国家省级扶贫办公室，接见我们的是一位处级干部。

学校的"老板餐"

茶油的背后

国家近些年大力开展义务教育，我们本以为孩子上学成本比过去要低，扶贫办公室的处长却告诉我们，现在农村孩子上学的成本，比过去高出十倍有余！

“关键是计划生育政策，让小孩的数量大大减少。”以前每个村落都有学校，一个村落的小孩足以支撑一个学校。生活很方便：老人可以接送孩子，几步路就到家，不需要交通费，还能回家吃饭和住宿，又省下不少生活费；孩子学习之余，还能帮着家里干农活，相当于多了几个小劳动力。

现在，一些村子同一个年纪的小孩只有一两个，学校根本没法办，只能几个村的孩子并到一个小学。这样一来，路途遥远，上学成本猛然高了：国家要求设置专用校车接送孩子，每个月交通费就要四五百元；如果不乘校车，住校又要有住宿费。在校平均一顿饭三四元钱，又是一笔开支。这些孩子离家远，也不能帮着家里做工了，相当于家庭经济又有了一些损失。这样一合计，虽然有了义务教育，但是上学成本却高了很多。

为了核实处长说的话，我们来到太和堂桃源村的希望小学。中午吃饭时，学生餐没肉，饭管够，菜是豆腐汤，一人一勺。我们看到两个一起吃饭的小朋友的碗，一个里面有肉，一个没有。她俩是一个班的，坐在一起。我们问：“为啥你没肉、她有肉？”

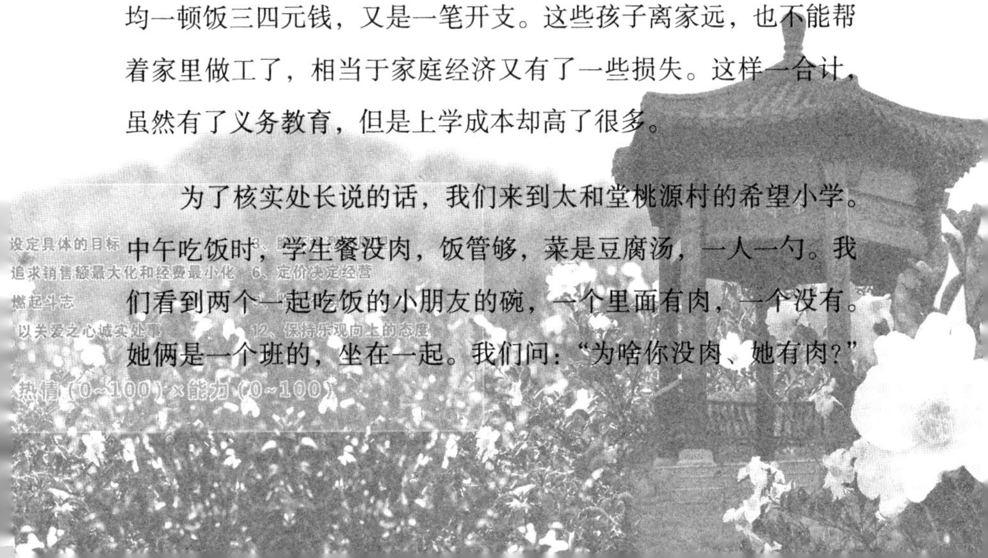

她俩都不回答。问了几次，一位中年妇女指着有肉的孩子说："这个是我妹妹的孩子，她去外地打工，我给她带孩子。"

这位妇女是代课老师，老师的孩子当然可以跟老师沾点光。菜少，饭就要吃得多，一年级小妞妞能吃一大碗白饭。孩子看起来都健康，没有一个肥胖儿童。我们问校长，这样的伙食要多少钱？他说："每人 1050 元，一个学期四个半月，每天三餐。"现在农村孩子上学不用交学费了，但伙食费要交。有部分家庭支付不起这笔钱，就近的孩子每天回家吃，离学校远的就辍学了。大三湘公司资助了 200 多个这样的孩子。当天有个被资助在附近栗山学校读书的学生，也跟我们一起来到桃源村希望小学。她告诉我们，他们的伙食分四档，基本餐、营养餐、教师餐和老板餐。我们问，怎么还有老板餐？她说，家庭条件好的就可以跟校长一起吃饭，这个档次的饭被学生和老师们称为"老板餐"。栗山学校是民办的，大部分学生吃基本餐，就跟桃源村希望小学的学生餐差不多；条件好一点的选营养餐；再好一点的选教师餐；最好的就是老板餐。

我们把这个故事拿到北大 MBA 课堂上讲，惹来一片对栗山学校的谴责，学生餐怎么还能区别对待？！但最后一个发言，让大家的谴责戛然而止。他说："我就是农村出来的。我们农村人的公平和你们城里人的公平不是一个概念，我们那里这样的学校太多了。"

茶油的背后

70 岁的小学老师

的确，给自己孩子吃肉的老师会说："我教5天课，一个月只挣700元钱。如果我的孩子吃饭时，还不能跟我沾光吃几块肉，我这个老师是不是太不值钱了？"也许，校长为了说服她来上课，会说："你的孩子可以一起同你吃教师餐！"

栗山学校是民办学校，必须自负盈亏才能办下去。自负盈亏就要想办法赚钱。农村现在两极分化也很严重。太和堂桃源村，有的房子像城里的别墅，有的还住土房。如果富裕的家庭想让孩子在学校吃得好一点，哪个管理者会拒绝这个要求？很可能正是老板餐的利润让教师餐里有了肉。

桃源村希望小学有两位高龄老师。张老师70岁教6年级，周老师66岁教5年级。他俩都是全科老师。什么是全科？就是每人负责教整个年级的语文、算术、科学、美术和音乐。一般来说，教高年级的老师学问比较高，因此，他俩是桃源村希望小学学问最高的老师。周老师教了一辈子书，60岁退休后又被学校返聘。张老师没教过书，之前是木匠和红白喜事拉二胡的。

木匠和拉二胡的也能教书？能。

张老师是1965年的初中毕业生。我们说："你的音乐课一定好。"他说："不行，我不会简谱。""那怎么教？"他说："一般的歌，我听一遍都会唱。我就这么教学生。"张老师和周老师是代课老师，每月工资 700 元。

这个小学有 123 名学生，1 位校长，6 位老师。只有校长是正式教师编制，每月 4000 多元工资。其他 4 位老师也是像张老师和周老师一样的代课老师，年龄在 30 ~ 40 岁之间。

邓校长说："700 元是刚涨的，还是代课教师们上访后，今年才加了 100 元钱。代课教师的工资是镇教育局拨的。我们小学正式招聘教师有 10 多个指标，有些老师连校门都没进，在外面晃了一下就走了；还有些在投简历时看到'希望小学'四个字，根本就不投。所以这几年，学校没有一个正式教师，年年要找代课老师，否则学生就没人教。我们要求老师至少要初中毕业，然后再问人家愿不愿意来。去年运气好，周围的村民帮我们找到两个比较合适的，一个是大专毕业，以前在外面的医院上班，还有一个是读过大学的，都是回家带孩子的，现在她们的孩子就在学校上课。"

"如果多加点钱，会不会有人愿意留下来？"

"那肯定会！"

张老师说："讲实在话，700 元只够生活费。但正规老师都不想来，嫌地方偏！可是自己家乡的孩子还是要靠自己去教！我们生在这个地方、长在这个地方，我的孙子和孙女也在这个学校读书，我看着这些小孩子，不能不管。而且，自己以前读过几年书，也不想把它们带到棺材里去。”

在另一个小学[㊀]，我们遇到了一位教了30年书的代课老师，李老师今年56岁，依然没转正。我们问她：“教了这么多年，你烦不烦？”她说：“遇到不好管的班，就烦。”“你最高兴的事是什么？”“我教的班在12所学校的会考中，考得最好。”我们又问：“你教的班考了多少次第一？”她说：“记不得了。”我说：“那你是不是优秀教师？”旁边的校长插话：“代课老师不参加优秀教师评比。”

“路见不平一声吼！”我们案例组的一个成员脱口而出，我们决定把这本书版税的10%捐给这两所学校的代课老师！

周新平要改造农村显然是“走火入魔”了。但他是企业家，而且是个精明的企业家，他知道靠大三湘茶油生意造血是不可能解决农村教育问题的。为此，他和太太准备拿出1000万元，在今年10月份的茶花节上宣布，成立一个教育基金，为1000所农村小学解决师资问题。

聊到农村孩子，回避不了留守儿童的问题。父母不在身边

㊀ 豹子岩小学。

对小孩的心理影响是一个太大的话题，这是值得整个国家思考的问题，因为他们是国家的未来。大多数留守儿童由于经济上并不困难，也就不需要做农活。没有父母的看管，老人通常对孩子又溺爱，再加上农村教育资源的不足，他们读完高中后很难考上大学，大多数就顺着父母的轨迹到城里打工。可是这群在特殊环境下成长的孩子吃不了苦，也不愿吃苦，最后很多人慢慢走上了错误的道路。“父母辛苦赚的养老钱，最后都被用于到派出所捞孩子了。”

这种情况逐步恶化。“原来村里根本不用关门，现在不行了。很多企业深受其害，铺好的电线、水管，都被偷走了。”我们走访了很多村，发现村子里虽然盖起了漂亮洋气的小楼，但是无一例外，前厅安装着厚重的防盗门，每个窗户上都有防盗护栏。

为此，周新平不仅是在做经济试验，更是在“重塑农村精神文明”。大三湘在平安村试点，联合了十几家单位定期组织“幸福大学堂”活动，请国学大师下乡讲学，讲的内容都是中国传统文化。

我们问：“这些东西现在很多人都不以为意，农民会感兴趣吗？”

可每一次这样的讲学都座无虚席，甚至旁边几个村庄的人都结伴来听。我们不确信这些农民真是来听课的，还是因为农村社交活动少，是来凑热闹的，或者是大三湘组织的，不来不好？

我们确信的是，周新平在认认真真地做这场试验——改变农村。

抽一包好烟，还是吃一月好油

茶油的背后

大三湘在茶油行业经营 8 年，投资 2 亿多元，拥有了处理 3 万吨油茶籽的生产能力，拥有了 3 万亩油茶林。

这种投入、沉淀和坚持使大三湘成了中国压榨纯茶油的领头羊。然而这个领头羊的地位比较尴尬，因为跟随者寡。为什么？吃得起这么贵的油的人少，知道茶油好处的人少，知道如何辨别什么是好茶油的人更少。

根据 2015 年的茶籽采购价，纯压榨茶油每斤原料成本至少 50 元。要保持一个合理的利润，一斤纯压榨茶油的零售价不可能低于 100 元。大三湘的冷榨冷提茶油对原材料要求高，成本更高。

这同开餐馆的道理一样。餐馆容易开，也容易关。新餐馆开业，家具装修都是新的，饭菜质量都有一定的水准。如果菜价低，不赚钱，客人也许越聚越多，但越多越亏，做着做着就撑不下去了。而菜价高，客人往往就少，生意一冷清，餐馆就降价；一降价，利润就少；生意依然冷清，继续降价；继续降价，不仅利润没了，连服务也跟不上了；于是，生意愈发冷清；再于是，老板就面临两个选择：坚持降价，用地沟油降低成本，或者关门。

太阳底下无新鲜事。如果大三湘没有合理利润，就不可能培训农民，改良品种，优化种植技术……于是，油茶树就只能野蛮生长……再于是，茶油依然是每亩只能产几千克[㊀]。最后，大三湘也要面临餐馆老板的选择：生产浸出油，或者撤出。

幸运的是，大三湘终于说服了5000个中国家庭，买他们128元/斤的真压榨茶油。大三湘的茶油把5000个中国家庭同湖南衡阳地区的50个村子3000户农民联系了起来，这让周新平对改变农村的试验看到了一丝曙光。

大三湘茶油的高价钱，让太和堂李老汉这样的农民有了尊严，看到了希望。他们勤快了，开始学技术，主动为油茶树除草浇水。受到照顾的油茶树是不会辜负人的，在可预见的将来，茶籽产量应该会大大超过现在。

可是，这些当地农民能勤快多久？能专业到什么程度？这在很大程度上取决于会不会有更多的中国家庭吃大三湘的油。

我们知道大三湘的油价格高于大多数食用油，大部分人目前的确吃不起这么贵的油。

但中国也有相当多的人能吃得起。2015年12月，中国社会科学院发布的《2016年中国社会形势分析与预测》中介绍，

㊀ 2014年，油茶树种植面积为5 750万亩，茶油产量为51.8万吨，亩产茶油＝51.8万吨/5 750万亩=9千克。

2013 年北京中等收入群体比例大约是 55%，上海大约是 51%，广州是 42.5%。其中，北京的中等收入群体收入最高，家庭年收入为 256016 元，其次是上海，家庭年收入为 219770 元，广州为 170037 元。根据北京市统计局、国家统计局北京调查总队的数据，北京常住人口 2000 多万，以每个家庭 3 口人[㊀]计算，年收入在 25 万元以上的家庭就有 300 多万户。

可是吃得起和吃不吃是两回事，这中间需要一个掏钱购买的“决定性一跳”。

这个决定就是商家梦寐以求的过程，也是最难的过程。这个购买行为代表了消费者对某个产品的认知——值不值？

一盒好烟至少要 50 元，每天抽一盒烟的人很多。可是我们问了十几个抽烟的人，愿不愿意买 128 元 / 斤的油，只有一个人愿意！

油和烟都是每天入口的东西。烟有害，油有益；烟不是人体的必需品，油是必需品。可是，这些人宁愿每天吸到肺里 50 元有害的烟，也不愿意吃到胃里 5 元有益的油！这又是一个说明人类是非理性生物的绝佳事实。

㊀ 第六次全国人口普查显示，我国平均每个家庭户的人口为 3.10 人，比 2000 年减少 0.34 人。

这个事实又一次证明了营销学的原则："别跟消费者讲逻辑！"

其实，人类每天做的绝大多数事情，都是用损害自己的长远利益换取及时行乐。烟、酒、快餐、汽车、大房子、高跟鞋、紧身裤……哪样有益于人的长远利益？

人饿了，要吃饭；病了，要吃药；烦了，要抽烟；高兴了，要喝酒；有钱了，要住大房子……食用油只是生活的配角，可有可无，可好可坏，不能立竿见影，不能炫耀，所以一般富裕的消费者也不愿意花更多的钱。

但，追求高品质生活的人会。

健康和精致生活只能产生于物质极大满足的社会。三十多年中国的改变催生了一个富裕阶层，在这个阶层中，有一部分人对物质生活的品位、要求和健康意识已经超过了一般消费者，他们就是大三湘茶油的目标消费群体。

因此，大三湘的生死劫在于：①能否用他们货真价实的高质量茶油打动更多重视健康、讲究精致生活的消费者。②能否在保证品质的前提下大幅降低成本。

胆小，当不了企业家

经营十
2、要谦虚，不要骄傲
4、活着就要感谢
6、不要有感性的烦恼
1、明确事业的
4、付出不亚于
7、经营取决于
人生成功方程式

中国茶油生产厂家，敢像大三湘这样开放工厂和基地，让消费者检验的少之又少。

越是信用缺失的地方，人的警惕性越高，人辨别真假的能力也越强。在信息手段如此发达的今天，我们相信大多数消费者很快就能区分真假压榨茶油。

其实，大三湘真正的竞争对手不是国内茶油同行，毕竟中国茶油的总量（压榨油和浸出油总和）还不到中国食用油市场的2%。进口橄榄油才是大三湘的真正对手。

西班牙是橄榄油大国，每年生产160万吨橄榄油，占整个世界总产量的50%。京东上卖的西班牙初榨橄榄油最贵的200元左右一斤，最便宜的十几块钱，平均售价在40元左右。我们在澳大利亚、新加坡、日本、美国和中国香港的大型超市，对西班牙初榨橄榄油取样，平均零售价为每斤20 ~ 30元人民币。考虑到中国渠道费用较高，我们相信中国零售市场每斤40元左右的西班牙初榨橄榄油，应该同上述地区的产品是同质的。

橄榄油与茶油在脂肪酸比例上极为相似，但初榨橄榄油和冷榨茶油的价格却相差3倍！这是因为油橄榄是天生丽质的食用油原料，2011年，西班牙一亩油橄榄平均产出42千克橄榄

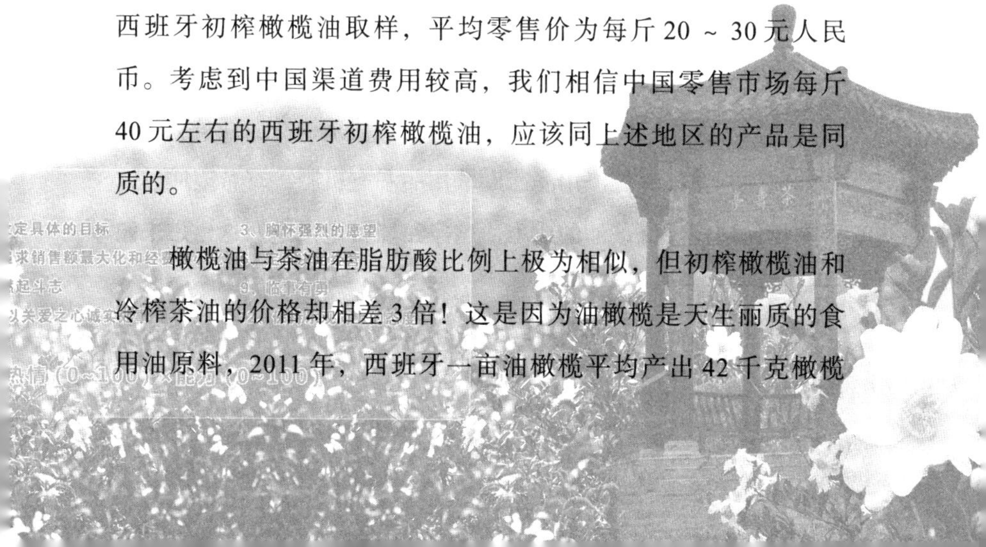

油[一]，而茶油亩产只有 8 千克。因此，大三湘如何说服更多的中国消费者，128 元的茶油比橄榄油好，而且好很多，才是真正的挑战。

面对这个挑战，大三湘正在走三条路。

第一，中国人信中医，信食疗。不仅李时珍说了茶油有药用功能，明朝的《农政全书》里也说了“疗疾疮，退湿热”,《随息居饮食谱》还记载“茶油烹调肴馔，日用皆宜，蒸熟食之，泽发生光，诸油惟此最为轻清，故诸病不忌。”因此，大三湘不仅像所有茶油企业一样不遗余力地宣传茶油的药用和食疗功能，还资助一些研究所，对茶籽的药用功能进行研究——他们寄希望用现代科学手段证明老祖宗所说的茶油神奇。**这条路能否走得通？这完全依赖科学研究的突破。**

第二，在物质匮乏的时代，茶油产地的老百姓把茶油和茶籽的所有东西都物尽其用。用茶油润肤和当发乳，用榨油后的茶籽渣去污洗垢……因此，做茶油的人也相信茶籽身上都是宝，大三湘也在开发茶籽洗涤用品、润肤用品和有机肥，寄希望通过这些副产品销售降低茶油的成本。**这条路能否走得通？这也是未知**

㊀ 2011 年，世界第一大油橄榄种植国西班牙种植面积为 250 万公顷（1 公顷 =10000 平方米），同年橄榄油产量为 158.5 万吨，相当于平均亩产 42.3 千克。

数，因为这些行业竞争的激烈程度丝毫不亚于食用油。

第三，大三湘 7 年前种的油茶树，有一部分进入成年。如果一切顺利，这些新法种出的油茶树应该能达到理论出油率——每亩 50 千克。这必将大大降低压榨茶油的原料成本。**要达到这个目的也是一路险阻，大三湘必须克服自然灾害、种植管理技术、农村劳动力老化和不足等一系列困难。**

这一年多的案例研究，刚开始，我们为大三湘只做压榨茶油的战略和取得的成就感到兴奋，随着研究的深入，我们开始对压榨茶油的命运感到担忧。因为，上面三条路没有一条能确保成功。

可是非常奇怪，在同周新平的交谈中，丝毫感觉不到他有这种担忧，反而信心十足。渐渐地我们明白了：胆小，当不了企业家。他是企业家，企业家与常人最大的不同——在常人看到风险的地方，他们看到机会。这就是企业家比常人飞得高，但跌也会跌得惨的原因。

周新平是在用自己的后半生赌——这三条路只要有一条走通，茶油就能一飞冲天，杀进食用油的主市场。这可是上千亿元的大生意！这就是企业家的胆量。

周新平能不能赌赢，我们没有答案，但我们知道周新平是幸运的，因为他找到了义无反顾且甘愿赌上后半生的事业。正因如此，他才能从温文尔雅的美国公司高管变成指挥工人与地头蛇干仗的“枭雄”，他才敢在80000棵油茶苗死了79800棵的时候，流着泪说服其他股东继续投钱……或许，人应该相信奇迹，相信上天给我们生命，就是为了让我们创造奇迹。在案例的结尾，我们决定放弃案例研究的客观和独立原则，我们要在周新平身上下注——赌他赢。

我们赌他赢的理由是：

（1）他不是创业的菜鸟，而是被中国商海洗礼二十多年，成功浮出水面的企业家。当他决定再一次沉到水底捞宝时，应该是老马识途。

（2）他在其他行业有稳定的资金来源，没有短期资本的压力。这样才能像褚时健种橙子一样，从根上把农业的事做对——水利、种苗、技术和人的素质。

（3）他出生在农村，知道怎么同农民打交道、怎么同农村政府相处。水土不服永远是投资失败的第一因素。

（4）他是恢复高考的头几届大学毕业生。这几届大学生有着特殊的忧国忧民的使命感。情怀能够让人和企业在最后一口气时，再多坚持一下。

因此，他的胜算大。

大三湘赢，就是工匠精神赢，就是带动农民脱贫的一种全新模式赢，就是中国新农业赢，我们必须押上这一宝。

下面是广告：

我们在一年的案例研究中，6 次到大三湘的油茶树基地和工厂，访谈了这个公司的所有高管、3 个村子的农民和干部。我们相信他们的茶油是 100% 的压榨茶油。我们购买了他们的茶油，不仅自己吃，还送给了父母。

我们确信他们的商业模式是解决中国农村、农业和农民问题最有效的方式。

我们呼吁更多的企业家向周新平学习，用企业家的能力解决中国人吃得好的问题。

我们希望政府把更多的资源交给像大三湘这样的企业去解决“三农”问题。

后　记

茶油的背后

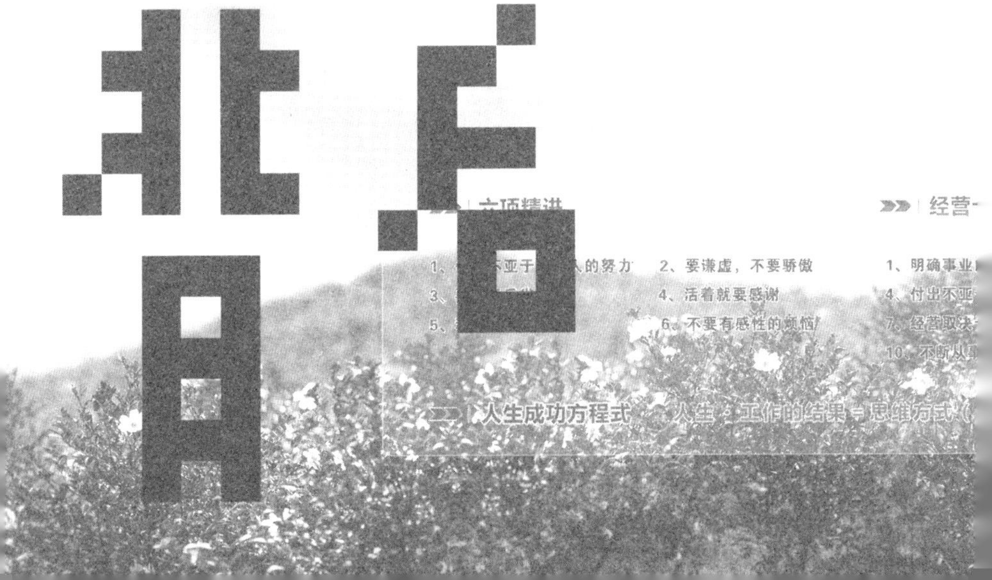

2016年春节，两位企业家朋友到悉尼，见面后跟我说："黄老师，我们想在澳大利亚买一个养牛的农场，因为中国牛肉缺口很大。年前，好几个国内的牛肉批发商拿着现金跑到澳大利亚，跟澳大利亚牛肉出口商买牛肉，结果连一个货柜都没有买到。"

我问："为什么没买到？"

"人家说没货了。"他们告诉我。

为了帮他们找到合适的农场，我请来澳大利亚中汇唯信农业公司的李慧女士。李慧曾在中国外经贸部工作，后到澳大利亚留学，毕业后在四大会计师事务所之一的普华永道工作，再之后，她同普华永道的同事合伙创办了中汇唯信农业公司。中国企业投资澳大利亚农业的几个大手笔，背后都有中汇唯信的身影。

这两位企业家听了李慧下面的话，打消了买农场的念头。

李慧说："澳大利亚农牧产品的质量在世界上是一流的，这不仅得益于澳大利亚得天独厚的自然条件，还在于澳大利亚政府对农牧产品质量近乎苛刻的要求和农牧业协会对农牧生产过程的约束控制。按照澳大利亚现在农牧产品的质量要求和生产约束，澳大利亚每年生产的农牧产品最多够6000万人消费，澳大利亚本国人口2300万，也就是说多余产品全部出口中国，也只能满足 3700 万人的消费。”

他俩不愧是企业家，一下子就明白了：按照中国目前的农牧业生产管理技术，按照澳大利亚对农牧产品的要求和生产约束，他们不可能比澳大利亚人更能让其农场提高效率。

李慧的这番话让我和这两位企业家思考了另一个问题：世界上其他国家的多余农牧产品总和，能不能满足 14 亿中国人吃的？

估计不能……

黄铁鹰

2018 年 6 月 6 日

附录 1
2010 年全国食用油主要品类排序

品类	零售额（万元）	零售额占有率（%）	零售量（吨）	零售量占有率（%）
调和油	1141263.50	37.95	759866.97	40.53
花生油	514052.20	17.09	237522.59	12.67
大豆油	503154.70	16.73	474185.17	25.29
菜籽油	232257.79	7.72	162578.90	8.67
玉米胚芽油	201912.43	6.71	104976.26	5.60
葵花籽油	140390.74	4.67	76328.09	4.07
芝麻油	124459.42	4.14	24906.98	1.33
橄榄油	80663.70	2.68	4986.91	0.27
胡麻油	19147.96	0.64	9961.96	0.53
茶油	15738.70	0.52	2931.89	0.16
芥花籽油	7975.27	0.27	4870.84	0.26
其他油种	26345.40	0.88	11575.62	0.62
合计	3007361.81	100.00	1874692.17	100.00

注：2010 年，茶油在中国小包装油各油种中排第 10 位。

资料来源：北京木丁商品信息中心。

附录 2
2013 版《中国居民膳食营养素参考摄入量》

人群	总碳水化合物（%E①）	添加糖（%E）	总脂肪（%E）	饱和脂肪酸 U-AMDR（%E）	n-6 多不饱和脂肪酸（%E）	n-3 多不饱和脂肪酸（%E）	EPA+DHA（g/d）
0 ~ 0.5 岁	—②	—	48（AI）	—	—	—	—
0.5 ~ 1 岁	—	—	40（AI）	—	—	—	—
1 ~ 4 岁	50 ~ 65	—	35（AI）	—	—	—	—
4 ~ 7 岁	50 ~ 65	<10	20 ~ 30	<8	—	—	—
7 ~ 11 岁	50 ~ 65	<10	20 ~ 30	<8	—	—	—
11 ~ 14 岁	50 ~ 65	<10	20 ~ 30	<8	—	—	—
14 ~ 18 岁	50 ~ 65	<10	20 ~ 30	<8	—	—	—
18 ~ 50 岁	50 ~ 65	<10	20 ~ 30	<10	2.5 ~ 9.0	0.5 ~ 2.0	0.25 ~ 2.0
50 ~ 65 岁	50 ~ 65	<10	20 ~ 30	<10	2.5 ~ 9.0	0.5 ~ 2.0	0.25 ~ 2.0
65 ~ 80 岁	50 ~ 65	<10	20 ~ 30	<10	2.5 ~ 9.0	0.5 ~ 2.0	0.25 ~ 2.0
80 岁以上	50 ~ 65	<10	20 ~ 30	<10	2.5 ~ 9.0	0.5 ~ 2.0	0.25 ~ 2.0
孕妇（早）	50 ~ 65	<10	20 ~ 30	<10	2.5 ~ 9.0	0.5 ~ 2.0	—
孕妇（中）	50 ~ 65	<10	20 ~ 30	<10	2.5 ~ 9.0	0.5 ~ 2.0	—
孕妇（晚）	50 ~ 65	<10	20 ~ 30	<10	2.5 ~ 9.0	0.5 ~ 2.0	—
乳母	50 ~ 65	<10	20 ~ 30	<10	2.5 ~ 9.0	0.5 ~ 2.0	—

① %E 为占能量百分比。

②未制定参数值的用“—”表示。